谨以此书献给我的儿子布拉德和科尔。

推荐序

　　髂腰肌是十分重要的肌肉，它与行走、跑步、身体的姿势、动作的模式有非常重要的关系。髂腰肌功能异常可以引起腰背痛、腿痛等许多症状。近几年的研究表明，一些内科疾患也与此肌肉的功能异常相关，所以科学而准确地评估、治疗、训练髂腰肌在临床治疗和体育锻炼中具有非常重要的作用。

　　此书从髂腰肌的解剖形态与功能特点入手，对髂腰肌的作用进行了深刻的解析，科学地介绍了髂腰肌的功能评估方法，同时详细地讲解了髂腰肌的拉伸放松和力量训练方法，对运动损伤的临床治疗和大众健身都有很好的指导意义。对医师、治疗师、健身教练和专项教练来说，都是一本十分有用的工具书。

徐晖
北京大学第一医院副主任医师
Mackenzie 技术推广者
动作评估系统推广者

髂腰肌
力量与柔韧性训练

矫正体态和预防损伤的动作练习与方案设计

[美] 帕梅拉·艾伦格（Pamela Ellgen）著

张可盈 译

人民邮电出版社

北京

图书在版编目（CIP）数据

髂腰肌力量与柔韧性训练：矫正体态和预防损伤的动作练习与方案设计 /（美）帕梅拉·艾伦格（Pamela Ellgen）著；张可盈 译. -- 北京：人民邮电出版社，2018.9
ISBN 978-7-115-48782-7

Ⅰ. ①髂… Ⅱ. ①帕… ②张… Ⅲ. ①肌肉－力量训练 Ⅳ. ①G808.14

中国版本图书馆CIP数据核字(2018)第177992号

版权声明

免责声明

本书内容旨在为大众提供有用的信息。所有材料（包括文本、图形和图像）仅供参考，不能用于对特定疾病或症状的医疗诊断、建议或治疗。所有读者在针对任何一般性或特定的健康问题开始某项锻炼之前，均应向专业的医疗保健机构或医生进行咨询。作者和出版商都已尽可能确保本书技术上的准确性以及合理性，且并不特别推崇任何治疗方法、方案、建议或本书中的其他信息，并特别声明，不会承担由于使用本出版物中的材料而遭受的任何损伤所直接或间接产生的与个人或团体相关的一切责任、损失或风险。

内 容 提 要

髂腰肌对于人体的体态和运动表现有着至关重要的作用，但人们却常常忽略或难以通过正确的锻炼方式强化它的功能。本书在详解髂腰肌功能的影响因素及健康状况评估方法的基础上，结合300余幅真人示范图，对动态拉伸、静态拉伸、自我筋膜放松、瑜伽、普拉提和力量训练6个训练项目、65个动作练习的作用、起始姿势和正确的运动感觉进行了全面介绍。此外，本书提供了针对不同水平、不同人群的4套训练方案，旨在帮助练习者矫正体态，提升运动表现，预防和缓解运动损伤与疼痛。

◆ 著　　　　[美] 帕梅拉·艾伦格（Pamela Ellgen）
　译　　　　张可盈
　责任编辑　刘 蕊
　责任印制　周昇亮

◆ 人民邮电出版社出版发行　　北京市丰台区成寿寺路 11 号
　邮编　100164　电子邮件　315@ptpress.com.cn
　网址　http://www.ptpress.com.cn
　北京九州迅驰传媒文化有限公司印刷

◆ 开本：700×1000　1/16
　印张：9　　　　　　　　　2018 年 9 月第 1 版
　字数：171 千字　　　　　　2025 年 11 月北京第 28 次印刷
　著作权合同登记号　图字：01-2017-6269 号

定价：49.80 元

读者服务热线：(010)81055296　印装质量热线：(010)81055316
反盗版热线：(010)81055315

目 录

第一部分 概述   **1**

简介 ……………………………………………………………… 2

髂腰肌的组成 ……………………………………………… 4

你的髂腰肌健康吗 ……………………………………… 7

保持髂腰肌健康 ………………………………………… 11

营养和减重 ………………………………………………… 17

第二部分 髂腰肌柔韧性练习   **23**

主动拉伸 …………………………………………………… 24

   立位摆腿 ……………………… 25   弓步 ……………………… 29

   立位髂腰肌拉伸 ……………… 26   大腿内侧牵拉 ………… 30

   跪位收膝 ……………………… 28

静态拉伸 …………………………………………………… 31

   髂腰肌静态拉伸 ……………… 32   股四头肌拉伸 ………… 39

   仰卧抱膝拉伸 ………………… 34   腘绳肌拉伸 …………… 40

   抱膝拉伸进阶版 ……………… 35   髂腰肌旋转拉伸 ……… 41

   泡沫轴抱膝拉伸 ……………… 36   靠墙股四头肌拉伸 …… 43

   大腿外侧牵拉 ………………… 37

自我筋膜放松 …………………………………………… 44

   腰大肌放松 …………………… 46   腘绳肌放松 …………… 49

   梨状肌和臀肌放松 …………… 47   股四头肌放松 ………… 50

   阔筋膜张肌放松 ……………… 48

瑜伽 •••••••••••••••••••••••••••••••••• 51

摊尸式 •••••••••••••••• 53　　桥式 •••••••••••••••••••• 60

山式 •••••••••••••••••••• 54　　侧三角式 •••••••••••• 61

树式 •••••••••••••••••••• 55　　眼镜蛇式 •••••••••••• 62

单腿鸽王式 •••••••••••• 57　　乌鸦式 •••••••••••••••• 63

船式 •••••••••••••••••••• 59　　手抓脚趾单腿站立式 •••••••• 64

普拉提 •••••••••••••••••••••••••••••••••• 66

骨盆卷曲 •••••••••••••• 69　　双腿拉伸 •••••••••••• 82

仰卧举腿 •••••••••••••• 70　　V字形悬体 •••••••••• 83

俯卧背部伸展 •••••••• 71　　摇篮式两腿伸展 •••• 85

单腿画圈 •••••••••••••• 72　　超越卷动 •••••••••••• 87

卷躯上提 •••••••••••••• 74　　折叠刀式 •••••••••••• 89

引颈前伸 •••••••••••••• 75　　空中剪刀 •••••••••••• 91

骨盆卷动 •••••••••••••• 77　　坐位脊柱旋转 •••••• 92

单腿屈曲拉伸 •••••••• 79　　空中瓶塞 •••••••••••• 94

单腿伸展拉伸 •••••••• 80

第三部分　髂腰肌力量练习　　　　　　　　97

力量练习 •••••••••••••••••••••••••••••••••• 98

■ 腹肌练习 •••••••• 99　　瑞士球伸展 •••••••• 111

座椅上V字形 •••••••• 99　　侧平板支撑 •••••••• 112

剪刀式 •••••••••••••• 101　　■ 髋关节训练 •••• 113

将军椅 •••••••••••••• 103　　硬拉 •••••••••••••••• 113

平板支撑 •••••••••••• 104　　立位侧踢 •••••••••• 115

手脚相对运动 •••••• 105　　仰卧单腿提臀 •••• 117

俄罗斯转体 •••••••• 106　　■ 股四头肌训练 •• 118

■ 腰椎运动 •••••••• 108　　坐位伸膝 •••••••••• 118

猫牛式 •••••••••••••• 108　　单腿蹲砍树 •••••••• 119

俯卧两头起 •••••••• 110　　靠墙深蹲 •••••••••• 121

■ 臀肌训练 ·················· 122   四点跪位屈膝抬腿 ·········· 124

蚌式 ······················ 122   四点跪位伸直抬腿 ·········· 126

第四部分　训练方案   127

髂腰肌训练方案 ·· 128

髂腰肌柔韧性综合训练方案 ···································· 129

髂腰肌力量综合训练方案 ·· 130

静坐少动人群的髂腰肌柔韧性和力量提升方案 ············· 131

髂腰肌疼痛、肿胀和痉挛人群的康复方案 ··················· 132

致谢   134

作者简介   135

译者介绍   136

第一部分　概述

简　介

在美国，只要你走进健身房，就能看到大量的用来训练上肢、背部、核心区以及下肢的训练器械。但你找遍了健身房，往往也看不到用来练习髂腰肌的器械——人们都比较注重锻炼体表的大肌肉群，而忽略了对深层的髂腰肌进行锻炼。

某些健身杂志对髂腰肌的重要性的认识也不够。光是想想他们可能使用的头条标题就很有意思——"十个技巧，助你塑造完美腰部""夏天想去海边秀身材？还不快进行腰部练习！"

但是，髂腰肌在保持健康中的作用很大。实际上，髂腰肌过紧或无力事关重大，可能会直接导致不良的身体姿态，比如骨盆前倾或膝关节过伸，从而进一步导致疼痛以及关节度活动下降等。

本书的内容就是教你如何让自己的髂腰肌保持健康。首先对髂腰肌的健康状况进行评估，判定肌肉是因长时间处于紧张状态而短缩，还是因肌力缺乏而被拉长。需要注意的是，这两者并不是互相排斥的。造成肌肉紧张或无力的因素是多方面的，比如生活方式、体重水平、身体成分、缺乏运动、身体素质、营养、睡眠以及饮水等。

本书的第一部分内容讨论了这些因素是如何影响髂腰肌功能的，进而阐述了如何改善髂腰肌的健康状况。此外，为了加强屈髋肌群的功能，本书还提供了一些推荐的营养摄入和生活方式。

第二部分内容重点讲了一些练习柔韧性的方法，如瑜伽和普拉提。通过这些训练可以改善屈髋肌群、腹肌以及背部肌群的柔韧性。这部分内容还讲解了自我放松筋膜的方法，以改善软组织粘连的情况。

第三部分内容讲解了一些抗阻训练的方法，通过这些训练可以增加臀部肌肉、腘绳肌、腹肌以及腰椎附近肌肉的力量。这些肌肉与髂腰肌协同作用，因此，第三部分内容提供的练习也可以改善髂腰肌的健康状况。

第四部分内容针对不同的群体设计了不同的训练方案，包括静坐少动人群以及髂腰肌疼痛、肿胀的人群等。

髂腰肌的组成

腰大肌位于腰椎脊柱两侧，从背部发出，连接了腰椎和股骨内侧。更为特殊的是，它起源于第十二胸椎以及五节腰椎椎体的侧面，在骨盆处与髂肌汇合，最后止于股骨小转子的内侧面。想象一下 20 世纪 80 年代的高腰比基尼泳裤，你就能明白腰大肌的大致位置及形状，唯一不同的是腰大肌没有在耻骨处连接起来，而是止在了股骨。腰大肌和髂肌共同组成了髂腰肌。

腰小肌较长，中间宽、两头细长呈梭形，属于典型的梭形肌。腰小肌含有快肌纤维和慢肌纤维两种肌纤维，也就意味着，在运动强度比较低时，腰小肌能够长时间做功维持身体姿态；在高强度运动中，腰小肌同样能够在短时间内产生爆发性动作。约有 50% 的人的髂腰肌中包含腰小肌。

髂肌是屈髋肌群的组成部分。此外，屈髋肌群还包含位于大腿前面的股直肌和缝匠肌，位于大腿侧面的阔筋膜张肌，位于大腿内侧的耻骨肌、长收肌、短收肌、股薄肌等。

■ 髂腰肌的功能

虽然我们不能在体表看到髂腰肌这块肌肉，但离开了髂腰肌，很多日常活动不能被很好地完成，比如走路、弯腰捡起地上的东西等。髂腰肌与其他的屈髋肌一起，共同将大腿向上拉向脊柱，或将脊柱向下拉向大腿，究竟起何种作用取决于在运动中固定的是腿还是脊柱。此外，髂腰肌还参与了身体的旋转以及大腿在髋关节处的外旋。

下面列举了一些日程生活中用到髂腰肌的动作：

- 走路

- 上楼梯

- 跑步

- 骑自行车

- 仰卧起坐

身体上没有哪块肌肉是单独起作用的，肌肉间协调工作，才能起到产生动作、保持姿势以及稳定关节等作用。在一个动作中，收缩的肌肉叫作主动肌，阻碍主动肌收缩产生特定动作的肌肉叫作拮抗肌，而帮助主动肌收缩产生动作或保持姿势的肌肉叫作协同肌。此外，协同肌还负责对动作进行控制，维持关节活动范围不超过限制，进而避免运动损伤。

对髂腰肌来说，主要的协同肌包括耻骨肌、阔筋膜张肌、短收肌以及缝匠肌，次要的协同肌包括长收肌、大收肌的前束、股薄肌、臀小肌以及腰方肌等。拮抗肌包括臀大肌以及大收肌的后束。

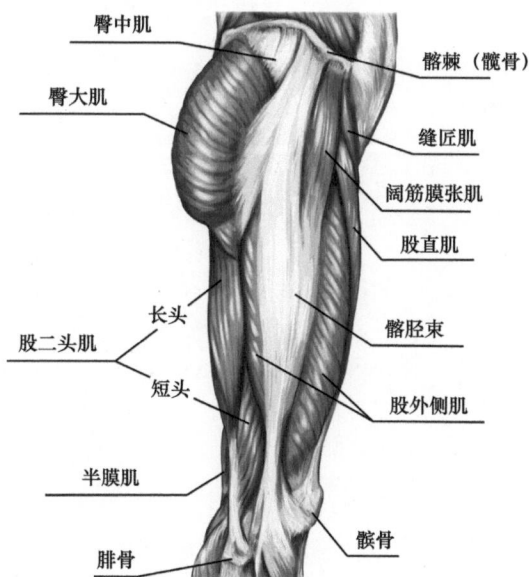

臀中肌
臀大肌
髂棘（髋骨）
缝匠肌
阔筋膜张肌
股直肌
股二头肌　长头
短头
髂胫束
股外侧肌
半膜肌
髌骨
腓骨

上图中的这些肌肉，对髂腰肌在各个平面内活动的正常发力起到不同程度的协同或拮抗作用。因此，为了保证髂腰肌的健康，应首先改善以上这些肌肉的肌力、柔韧性以及它们之间的力量对比。如果其中哪块肌肉发力的方向不对，或者肌力不足，就会动用到动力链上的其他肌肉以保证完成正确的动作。

动力链：一个个相邻的关节共同组成了一个复杂的运动单位，在运动时，单个关节的运动模式能够影响到动力链上的其他关节。

■ 髂腰肌真的这么重要吗

虽然髂腰肌并不是万能的，但它的健康状况确实对人体的功能性动作、疼痛、姿态问题以及肌力不平衡现象有着重要影响。柔软而有力的髂腰肌对日常生活中的动作和反应有着促进作用。本书中提到的这些动作，旨在通过训练髂腰肌所在的动力链上的各肌肉的力量以及柔韧性，从而提高整个动力链的功能，最终达到提高髂腰肌功能的目的。

你的髂腰肌健康吗

不同的生活方式对髋关节活动度以及髂腰肌的健康状况有所影响。很多办公室人群动辄在电脑前坐上几小时，这种静坐少动的生活方式会导致髂腰肌过紧。很多的运动项目会导致髂腰肌过度刺激和炎症，甚至出现髂腰肌综合征。髂腰肌综合征表现为髂腰肌在髋骨上附着部位的疼痛，以及肌腱和髋关节之间形成液体的黏液囊，而黏液囊会造成肌腱和关节之间的摩擦。田径、跳舞以及体操运动员由于平时要做大量的屈髋运动，因而有较高的患病风险。此外，经常做仰卧起坐或骑自行车也可能因髂腰肌的过度使用而造成损伤。

所以怎样才能知道髂腰肌需要什么样的锻炼呢？以下列举了一些检测评估髂腰肌健康状况的方法。

■ 评估髂腰肌的柔韧性：改良托马斯实验

托马斯实验的流程：选一张桌子，或在地上铺好垫子，平躺在上面。一侧下肢抬起，双手抱膝且向上抬，直到下背部完全接触地面且抬起的大腿紧靠腹部。此时，若另一侧下肢微微抬起，说明你的髂腰肌的柔韧性比较差，如果另一侧下肢膝关节处屈曲，说明股直肌（股四头肌的一部分）也存在柔韧性不足的情况。

起始姿势： 躺在地面上，背部伸直，两脚分开且与肩同宽。后背完全放松、自然弯曲，不要刻意弓背或是用力向地面贴紧。

两手抱住一侧膝关节，将其提拉至胸前，此时你的背部变平，应该充分与地面接触。

仔细观察下肢的运动。抱膝动作会造成骨盆的轻微倾斜，但如果髂腰肌的柔韧性较好，不会因此出现另一侧下肢屈髋或是屈膝的情况。如果出现了，你应该在髂腰肌的训练计划中加入提高柔韧性的练习。

■ 评估髂腰肌的力量：靠墙站立实验

髂腰肌的一个作用是使髋关节屈曲。需要注意的是，髂腰肌紧张、短缩与髂腰肌力量强大并不是一个概念。想要评估髂腰肌的力量，可以屈曲你的髋关节，评估是否很快就感到疲劳了。要注意，评估髂腰肌状态时一定要穿宽松的衣服，如果裤子太紧，可能会错误地得出自己的髂腰肌力量不够或柔韧性不好的结论。

起始姿势： 靠墙站立，两脚分开且与肩同宽。

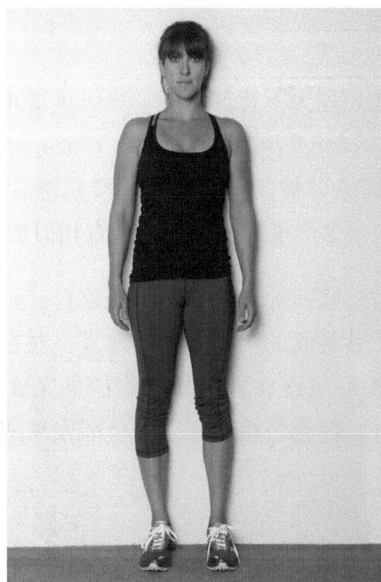

慢慢抬起一侧膝盖，直到大腿与地面平行，保持这个姿势 30 秒。

如果你可以轻松地完成这个测试，说明你的髂腰肌以及它的协同肌都是很强壮的。

■ 髂腰肌综合征

髂腰肌综合征，经常表现为下背部疼痛、难以维持正常的身体姿态，以及疼痛辐射到一侧下肢，*The Journal of the American Osteopathic Association* 的一篇文章中指出，髂腰肌综合征经常被医师忽略。髂腰肌综合征的诊断之所以如此困难，一部分原因是其他的很多严重的疾病都与其有相似的症状。

如果你怀疑自己患有髂腰肌综合征，不要试着自己治疗，而应寻找合适的机构接受评估和治疗。对于髂腰肌的治疗经常包含了一些在家进行的柔韧性和力量训练，但实际上，这些练习应该在理疗师的监护下完成。如果不接受正规的治疗，除了已有的症状之外，髂腰肌综合征还有可能发展成隔膜炎症，致残程度甚至超越其他慢性疾病。

保持髂腰肌健康

很多原因都能影响髂腰肌的健康状况，但是日常活动中不正确的动作模式，或缺乏运动才是最主要的因素。除了参与运动之外，调整日常生活中的动作模式对于保持髂腰肌健康也起到重要作用。

■ 人体工效学

现代的生活方式对髂腰肌的健康没什么好作用。我们日常生活中的大多数活动都是以单一的坐姿完成。我们开车去上班，坐着完成一天的工作，再开车回家，坐着吃饭，最后躺在沙发上，两脚搭在茶几上看电视——一连几小时采用坐姿，而在坐位状态下髂腰肌始终处于短缩而紧张的状态。

长时间的坐姿不仅会导致髂腰肌受损，还会导致其他深远的坏处，如增加超重或肥胖、2型糖尿病、心血管系统疾病、癌症甚至早亡的发生率。

如果你是办公室人群，以下有几个方法可以从人体工效学的角度改善工作环境，从而改善髂腰肌的状况。除此之外，你还会惊喜地发现人体功效学方面的改善能够提高工作效率和工作能力，并能够帮你维持健康的体重。

• 考虑一张站着工作的桌子。这让你在保证工作时间的同时增加站立的时间。如果一整天都站着也有坏处，如导致下背部、膝关节以及脚踝的疼痛，因此你还要买一张高度合适的凳子。

• 停止向本公司的同事发送邮件，而是直接去找他们。《科学》杂志中的一项研究指出，相比于一整天都坐着工作的人，那些经常站起来走一走的员工每天多消耗350卡的能量。在这个研究中，研究者让两组人都多摄入1000卡能量，并且告诉他们不要参加正式的运动。结果经常走动的一组人体重没有增加而另一组体重增加。这个研究以及其他一些类似的研究证明,生活方式的改变非常重要。

• 不要坐在椅子上,尽量坐在健身球上工作。尽管健身广告和好心的健身爱好者会告诉你,坐在健身球上工作不但不会燃烧更多的卡路里或激活腹部肌肉,还会导致髂腰肌短缩和紧张以保持姿势稳定。但笔者仍旧建议坐在健身球而非椅子上工作。

• 如果整天坐着是不可避免的,时不时站起来拉伸一下髂腰肌。髂腰肌静式拉伸及其变式(第 32 ~ 33 页)、股四头肌拉伸(第 39 页)、树式(第 55 ~ 56 页)以及座椅上 V 字形(第 99 ~ 100 页)都是好的选择。

这些练习不需要特殊的装备或较大的空间,也不需要你躺下(在工作环境中躺着锻炼也许很不合适)。

如果你是办公室人群或从事其他一些确实需要静坐少动的工作,请用第 7 ~ 9 页提到的方法评估髂腰肌的健康状况。

■ 锻炼

锻炼能够改善血液循环、改善氧气运输状况、提高关节和肌肉的柔韧性,从而改善髂腰肌的健康状况。除了本书中建议的规范化的练习之外,你也可以在日常生活中增加一些练习,尤其是当你属于静坐少动人群时。如果不能每天都练习,应当保证每周尽可能多的天数进行每次 30 ~ 60 分钟的中等强度有氧练习,同时应当配合每周三次,每次 20 ~ 30 分钟的力量练习。

练习不一定是在跑步机上无休无止地跑步,有很多有意思的练习可以提高你的体力活动水平。试着从下面的休闲运动中选择 1 ~ 2 项加到你的训练计划中。

射箭	击剑	攀岩
篮球	飞盘	划船
保龄球	高尔夫	滑雪或单板滑雪
划艇	手球	足球
槌球	徒步旅行	站立桨板
自行车	马术	冲浪
舞蹈	武术	游泳

网球	水中有氧运动
排球	尊巴

无论是休闲运动还是专门的体能训练，都应该选择种类丰富的运动，这不仅有助于避免无聊，还能开发更广泛的运动技能，防止特定运动导致的肌力失衡或过度使用造成的损伤。最终，你觉得愉快且最有可能参与的运动就是你用来进行有氧运动的最佳运动。

力量训练

根据美国运动委员会的说法，有规律的力量训练对人体有许多积极的影响。

• 增加骨骼密度，增大肌肉力量，增强结缔组织的强度。

• 减少损伤的风险。

• 提升肌肉质量，提高基础代谢率。

• 提高生活质量。

力量训练应当包含全身各大肌群的抗阻练习，且一定要注意合理安排练习，防止出现肌力不平衡以及损伤。多关节的功能性动作——如深蹲和俯卧撑——调用了多个肌群协同工作，能够锻炼功能性力量。私人教练能够根据你的体能状况以及病史，帮助你制订一个提高整体肌肉状况的训练计划。

■ 睡眠

规律睡眠的重要性再怎么强调都不为过。每天保证八小时的睡眠看起来是件非常奢侈的事情，但这对于健康是非常重要的。充足的睡眠有助于调节激素分泌、保持体重稳定，而睡眠不足会导致饥饿感增强、饱腹感降低，同时参与运动的积极性降低。这是不幸的事实，因为运动能够改善睡眠质量，睡眠不足导致运动不足，运动不足反过来又造成睡眠质量下降。

睡眠不足也可能造成慢性疼痛，降低疼痛耐受性，这又导致了失眠。很显然，睡眠是重要的环节，保持健康的睡眠习惯会带来无数的好处。你可以通过以下几个简单的步骤培养健康的睡眠习惯。

确保你的卧室环境有助于睡眠。室温应当低一些，65 ～ 72 华氏度（18 ～ 22 摄氏度）最有利于睡眠。卧室里尽可能暗一些，但不要完全黑暗。房间里昏暗的阴影有助于睡眠。除此之外，挪走发光的电子设备，如闹钟、手机甚至手机充电器也有所帮助。来自空调的空气循环可以改善呼吸状况，并且提供白噪声，提高睡眠质量。

上床之前尽可能减少对着屏幕的时间。电视机、电脑、平板电脑和手机屏幕的蓝光减少褪黑素分泌，而褪黑素能够使人产生困意。因此在上床之前关掉电子设备和 LED 灯，使用昏暗、温暖的照明灯，甚至是蜡烛也可以，只要你确保睡着之前吹灭它。

建立一个固定的睡眠计划。每天在同一时刻入睡和醒来——即使是在周末——可以帮助你获得更深、更熟的睡眠。当你休息得很好时，即便在周末也不会贪睡。

节制饮酒。根据《脑电图学和临床神经生理学》中的一项研究，如果你希望喝很多酒帮助睡眠，很可能事与愿违。然而，只喝一点酒可能对睡眠没什么影响，甚至有可能改善睡眠质量。

采取一个健康的睡眠姿势。以夸张的胎儿姿势睡觉可能会造成髂腰肌紧张，而趴着睡可能造成髂腰肌被拉长和腰脊前凸。仰着睡和侧着睡可以保证脊柱在正确的位置上。

坚持每天运动。尽管你可能感觉不到，但是每天锻炼一小会儿就能改善睡眠质量。如果你缺乏睡眠或者入睡困难，试着在白天增加一些运动，这样你会发现睡眠质量提高，第二天也更愿意参加运动。

■ 饮水与髂腰肌

脱水会导致一系列的健康问题，但是它对骨骼肌的影响很少被研究。饮水不足会导致肌力下降、耐力降低。它对姿势的影响较小，但也同样不容忽视。《神经科学》的一项研究评估了脱水对姿态控制的影响，证明了轻微的脱水，尤其是大强度运动中发生的脱水，可能降低姿势控制能力。

不能根据口渴与否判断自己是否脱水，有规律的饮水才能够保证摄入充足的水分。每天应该饮用 64 ～ 96 盎司（1814 ～ 2722 克）的水，具体依据你参与的活动以及生活环境而定。高海拔或干旱地区的人们或者经常从事大强度运动的人群应该多喝一些水。

■ 整脊和按摩

根据梅奥诊所（Mayo Clinic，世界著名私立非营利性医疗机构）的建议，整脊的目标是矫正脊柱的位置并改善功能性运动模式。而按摩治疗被看作一种补充治疗。根据治疗目的、手法强度的不同，按摩治疗分很多流派，如瑞典按摩、深层组织放松、运动按摩、扳机点治疗等。

整脊和按摩都可以用来治疗下背痛。研究表明，相较于传统的常规治疗，整脊和按摩的治疗效果并不差。然而，整脊和按摩都不是针对髂腰肌这块肌肉进行的。髂腰肌的位置比较深，藏在其他的肌肉、脂肪以及器官的深面。因此，即使对于一个有经验的整脊医师或按摩医师来说，单独对髂腰肌进行操作也是比较困难的。

即使能够直接对髂腰肌进行操作，还有一个比较头疼的问题，就是作用于髂腰肌的手法会使患者非常不舒服。前注册按摩治疗师保罗·英格拉哈姆曾说过："髂腰肌和其他的屈肌一样，对力的作用非常敏感，因此对髂腰肌进行操作时会给患者带来不舒服的感觉。做好髂腰肌按摩，不给患者带去明显的不适，甚至极度的不适，需要时间和耐心"。

有些人坚信髂腰肌是诊断和治疗一切疼痛和损伤的关键，对此英格拉哈姆表示不赞同，他说："这是结构主义的典型例子，过于强调生物力学对于疼痛的影响。"

应当正确看待髂腰肌的整脊和按摩治疗，把它当成是一种促进下背部、髋关节、臀部以及大腿等部位的骨骼、关节和肌肉功能健康的手段。

如果你想要接受整脊和按摩的治疗，先向你的初级保健医生咨询一下，听听他们的建议。根据《证据报告和技术评估杂志》的一篇综述，一些研究发现作用于脊柱的手法与椎动脉夹层有显著的相关性，进而可引起暂时或永久性中风样症状或椎基底动脉意外。但这种情况只在颈部手法中发生过，并且非常罕见。

■ 物理治疗

一名合格的物理治疗师可以为有髂腰肌综合征或髂腰肌疼痛、肿胀、痉挛、紧张或肌力较弱的人提供有效的治疗。对于那些正在经历这些症状的人来说，有一个专业医疗人员如物理治疗师监督他们的治疗和康复是极其重要的。

根据你的具体情况，物理治疗师会设计一个治疗方案，可能包括力量练习、柔韧性练习、手法治疗、冰敷、休息、药物治疗或这些项目的组合。

■ 替代疗法

多种多样的替代疗法也能够改善髂腰肌健康状况。在进行替代治疗之前，一定要咨询你的初级保健医生，尤其是当你正在经历疼痛或不适的时候。此外要注意找一名有资质的从业者进行替代疗法。

营养和减重

除了日常的运动模式之外，饮食习惯和体重对于髂腰肌的健康也会产生影响。这一章节讲述如何控制炎症以及保持合适的体重。

■ 炎症

除了过度使用、不适宜的人体工效学等因素之外，压力、饮食以及其他一些不健康的生活方式也会对髂腰肌的健康产生重要影响，比如说炎症。产生急性炎症代表身体正在修复疼痛和损伤带来的伤害，而慢性炎症是身体处于持续抵抗损伤的模式。一些有可能引起慢性炎症的食物包括以下几种。

小麦和糖类。简单的碳水化合物很容易引起炎症。从面包、早餐麦片、意大利面到甜饮料、糕点和甜点，这些食物都能够快速提高血糖和胰岛素水平，这在慢性炎症的产生过程中发挥着主要作用。即使全麦面包的升糖指数也惊人的高，也能够引起炎症。用精制的谷物和糖类代替小麦的无麸质食品也不例外。

精加工食品。油炸食品和一些过度加工的食品也能引起炎症反应，尤其是薯条，既有很高的升糖指数，也含有较多在高温下反复烹饪而被氧化的脂肪。一些加工过的肉类，比如意大利辣香肠、午餐肉和热狗，同样有害。

过度烹饪的肉类。糖基化终末产物（也称作 AEGs）能够破坏身体中的蛋白质，提高细胞因子的含量，进而增强炎性反应。长时间或高温烹饪过的肉类中，AEGs 的含量惊人——想象一下在烤架上准备好的牛排吧，你确定还要这么做吗？

烹饪用油。另一种引发炎症的饮食因素是工业种子和植物油——比如玉米油、菜籽油、大豆油、葵花籽油和红花籽油等——在这些食物中，ω-6 到 ω-3 脂肪酸的含量不平衡。

不过不要因此丧失对美食的追求，其实还有许多美味的食物，它们有助于缓解炎症、逆转和修复细胞损伤。因此，在日常生活中要选择下面这些食物，不仅能够减少炎性反应，还能达到减肥的效果。

蔬菜。西兰花、羽衣甘蓝、大蒜、洋葱、菠菜、白菜和红卷心菜等，临床实验已经证明这些蔬菜能够减少炎性反应。

浆果。科学研究已经证明，许多品种的浆果表现出了抗炎作用。因此只要有可能，就要多吃一些当季的有机或野生浆果。蓝莓、覆盆子、黑莓、蔓越莓、枸杞和草莓等都是不错的选择。这些水果含有较多的纤维、抗氧化剂、维生素以及矿物质。

鱼类。选择三文鱼或其他野生的、可持续获得的冷水鱼，如欧洲凤尾鱼、太平洋沙丁鱼、蓝鳍金枪鱼、大西洋鲱鱼、虹鳟鱼和大西洋鲭鱼等。如果你对鱼类不感兴趣，可以选择食用一些高品质的鱼油补剂。2012 年《制药生物学杂志》中的一项研究证明，六个月的鱼油补剂补充能够改善代谢综合征患者的脂肪代谢并降低炎性反应。

坚果和种子。在植物中，坚果（特别是核桃、碧根果、栗子以及花生）和种子中含有一些高浓度的抗氧化剂。2006 年，《美国流行病学杂志》发表了一篇文章，通过统计和分析超过 6000 名的美国成年人的相关数据，研究人员发现，经常吃坚果和种子（每周多达五份）的人群，身体中炎症标志物 C- 反应蛋白、白细胞介素 -6 以及纤维蛋白原的含量通常更低。

椰子油。据《国际免疫药理学杂志》在 2014 年发表的一项研究，这种从椰子肉提取的热带油富含抗氧化剂，似乎具有很强的抗炎作用。不要太担心椰子油的饱和脂肪含量。首先，新兴的研究以及对其更深的研究证明，与传统观点不同，饱和脂肪也许没有那么大的危害。其次，椰子油中的饱和脂肪，一半是月桂酸，而月桂酸具有抗病毒和抗菌作用。

香料。姜黄、生姜和红辣椒都具有抗炎作用。《炎症杂志》在 2011 年发表的一项临床研究显示，姜黄和生姜都能降低关节炎的发病率和严重程度。更幸运的是，一点点的姜黄和生姜就有长久的作用，因此你可以考虑在早上的思慕雪（smoothie，一种健康食品）或者晚上的炒菜中加上一小勺姜黄或生姜。

■ 身体成分

提高髂腰肌的柔韧性和力量也为控制体重和身体成分在健康范围内提供了理由。当一个人超重或是肥胖时，多余的脂肪不仅会出现在啤酒肚上，也会堆积在骨骼肌周围。这就是科学家所说的肌肉内脂肪组织，又叫作 IMAT。即使你的身体质量指数很健康（BMI 为 18.5 至 25），当身体中的脂肪含量与肌肉组织的比值提高时，肌肉内脂肪组织的含量也会增加。

肌肉内脂肪组织导致胰岛素抵抗、力量下降以及行动不便等。

2011 年发表在《国际内分泌学杂志》上的一项研究显示，肌肉内脂肪组织的含量可以很好地预测肌肉组织的力量以及柔韧性。该研究找了两名身体质量指数（BMI）和肌肉体积相等的女性受试者进行腿部的对比研究，其中一名受试者的 IMAT 为 9.8 厘米，而另一名受试者的 IMAT 为 18.8 厘米，是前者的两倍。IMAT 较高的受试者的腿部力量爆发力比另一名受试者低 45%，腿部力量比其低 24%。这个研究表明，肌肉内脂肪组织对肌肉的功能有严重的影响。

身体脂肪百分比一览表

	女性	男性
缺乏脂肪	10%～13%	2%～5%
运动员	14%～20%	6%～13%
健康	21%～24%	14%～17%
平均水平	25%～31%	18%～24%
肥胖	32%+	25%+

资料来源：美国运动委员会

幸运的是，体重的下降通常可以降低肌肉内脂肪组织的含量。2011 年发表在《衰老临床干预》上的一项研究显示，综合饮食和运动进行干预后，受试者的体重下降 8%，同时髂腰肌周围 IMAT 下降 9%。

■ 减重

饮食控制和运动都是成功减重并长期维持的关键因素，但是你吃什么往往比你练什么更能影响体重，尤其是在短时间内。

对于减重来说，最有效的营养策略是全面、均衡地摄入各类饮食，包含丰富的、未经加工的、可持续获得的植物和动物食物——这也是人类千百年来最常吃的食物种类。据《美国临床营养学杂志》的一篇文章，新石器时代和工业时代（分别在公元前一万年左右和十八世纪中叶开始）引入了新的食品以及食物加工方法，这改变了人类饮食中的几个关键成分：血糖负荷、脂肪酸成分、宏量营养素含量（蛋白质、脂肪和碳水化合物）、微量营养素密度、钠-钾比例以及纤维含量。而这些变化给人类健康带来了无数的坏处，尤其是超重和肥胖。

虽然原始人类的饮食因地域、季节以及可获得性而存在较大差异，但它们都有一个共同点，那就是将获得的野生动植物进行最低限度的加工。许多流行的减肥计划都使用古老的膳食营养方法。每个人都应该选择独特的、适合自己的饮食策略，但是原则都是一样的，即应该选择消除炎症的、在不感到极度饥饿的情况下减掉多余体重的食物。这些食物肯定是低碳水化合物，事实上，研究证明，在长期减重过程中，低碳水化合物饮食比低脂肪饮食的效果更好。

什么不能吃？

原始人类的饮食计划中不包括谷物和豆类、奶制品、精制糖和工业用油。而这些对于许多美国人来说，可以组成他们一整天的全部菜单：早餐是低脂牛奶麦片和橙汁，零食是爆米花，午餐是全麦花生酱三明治和可乐，晚餐是冷冻包装的肉，而甜点是一片低脂巧克力蛋糕。这种饮食习惯有了一个糟糕的绰号"SAD"，即美国标准饮食（Standard American Diet）。SAD饮食确实很悲伤，因为它给美国人的腰围和健康状况带来了相当坏的影响。限制SAD饮食中的热量摄入可能会减掉一些体重，但随之而来的通常是饥饿、持续的饥饿、疲劳以及烦躁。市场上如此多的减肥计划以及我们不断升级的超重和肥胖问题表明在SAD范围内的饮食根本起不到减肥的作用。

什么要多吃？

对原始人类的饮食计划的现代解读包括：大量的新鲜时令蔬菜、可持续养殖和获得的肉类、鱼类、家禽和草鸡蛋，以及一些新鲜水果、坚果和种子、椰子油和橄榄油中的健康脂肪等。香草、香料、咖啡、黑巧克力和葡萄酒也被包括在原始人类的饮食计划的一些当代版本中。当你用这种方式吃东西时没必要计算卡路里，因为身体的饥饿和饱腹感就是最可靠的指标。精加工食品、谷物和奶制品很容易让身体的饥饿和饱腹感不准。尽管如此，原始人类的饮食计划的概念已经被拓展，许多食品（特别是烘焙食品和甜品）也进入其中，但它们其实并不利于减重。

新鲜蔬菜。每天吃 5 ～ 10 份新鲜的时令蔬菜。只要有可能，尽可能选择有机食品。但是如果有机食品在货架上枯萎，这时候传统食品可能是更好的选择。尽量选择非淀粉蔬菜。

朝鲜蓟	芹菜	生菜
芝麻菜	莙荙菜	蘑菇
芦笋	芥蓝	洋葱
甜菜	黄瓜	胡椒
白菜	大蒜	萝卜
西兰花	绿豆	南瓜
甘蓝	香草	甘薯
萝卜	羽衣甘蓝	番茄
菜花	葱	西洋菜

新鲜水果。当你想减肥时，为了维持体重你可以每天吃两份或四份水果。浆果类含糖量最低，是最有营养的选择之一。

苹果	醋栗	橙子
杏	无花果	桃子
鳄梨	葡萄	梨
香蕉	葡萄柚	李子
黑莓	猕猴桃	菠萝
蓝莓	柠檬	石榴
博伊森莓	酸橙	树莓
面包果	紫蓝莓	草莓
哈密瓜	甜瓜	西瓜
樱桃	油桃	

肉和家禽。无论何时，尽可能选择有机的、草饲的或牧场的肉类和家禽。它们通常比常规喂养的动物更瘦，含有更多的营养物质。

牛肉	羊肉	猪肉
鸡肉	动物脏器	火鸡

鱼和海鲜。尽量选择可持续获得的野生海鲜，蒙特雷湾水族馆的海鲜观赏提供了可持续海鲜最佳选择的建议。

| 蛤蜊 | 比目鱼 | 三文鱼 |
| 鳕鱼 | 蚌 | 虾 |

其他蛋白质来源。鸡蛋、坚果和种子提供肌肉增长所需的氨基酸。尽可能选择草鸡蛋，并选择生坚果，而不是在多不饱和脂肪酸中烘烤过的，后者可能会导致发炎。

| 杏仁 | 黑芝麻 | 全蛋 |
| 榛子 | 核桃 | |

■ 营养补剂

理论上讲，食物可以满足身体维持健康活力所需的大多数营养物质需求。但是，有些时候营养补剂可以帮助纠正营养失衡。或者当你经常摄入被过度处理的食物或无机物时，营养补剂也是有帮助的，与有机的、野生的食物相比，那些食物的营养价值随着精细加工降低了。

ω-3脂肪酸。含有 ω-3 脂肪酸的营养补剂能够降低炎症反应，缓解关节疼痛，尤其是由类风湿关节炎或骨质疏松引起的关节疼痛。

镁和钾。矿物质镁对肌肉放松起着至关重要的作用，镁缺乏会导致钾缺乏，而钾缺乏会造成肌肉痉挛、肌肉力量降低。镁和钾在与钙及维生素一起服用时吸收最好。

第二部分　髂腰肌柔韧性练习

主动拉伸

　　运动前的主动拉伸能提高身体的柔韧性，使你能够在所有运动平面轻松自由地移动。在一个主动拉伸的动作中，通过运动将肌肉拉到最长后要保持几秒。《力量与训练研究》杂志的一篇文章指出：主动拉伸（又叫弹振拉伸）的一个好处是它在提高人体柔韧性的同时，不会降低肌肉的力量。因此，如果你的柔韧性训练是为接下来的体育活动做准备的话，建议使用主动拉伸。

立位摆腿

这个简单的动作能够使你的髂腰肌迅速升温，而且能够放松髂腰肌，为更进一步的拉伸做好准备。

起始姿势： 站在一把椅子或一面墙的旁边，一只手轻扶椅背或墙面。

❶ 腹部收紧，相对椅子或墙的远侧腿抬起，前后摆动。在这个过程中上身挺直，骨盆不要倾斜或旋转。注意由髋部发力驱动动作，而不是大腿。

❷ 前后摆动为 1 次，重复 10 次，然后换另一条腿重复以上动作。

正确完成该动作的感觉——你应当感到髋部和臀部微热。

立位髂腰肌拉伸

按照下图中的步骤进行练习，伸展后侧腿，使大腿内侧到下背部都得到拉伸。可以用这个动作拉伸髂腰肌。

起始姿势：站位，两脚之间的距离与髋同宽，上身挺直，核心肌群收紧。

❶ 右脚向前迈出。

❷ 在左脚不离开地面的前提下，左腿伸展，踮起脚尖，重心尽可能向前移。髋关节保持不动，骨盆微微向前倾，肩部稍稍向后靠。保持这个动作2秒。

❸ 左脚向前迈一步，重复以上动作以拉伸右侧的髂腰肌。

❹ 以上动作，每条腿重复8～10次。

正确完成该动作的感觉——你应当感到伸展腿的一侧，从股四头肌到髂腰肌再到腹肌都有轻轻的牵拉感。

跪位收膝

髂腰肌的一个主要功能就是把膝关节拉向躯干。下图中的这个主动拉伸动作能够提高髂腰肌和股四头肌的柔韧性。为了保护膝盖，你应该在地上铺个垫子。

起始姿势：两手和两侧小腿着地，两手臂与地面垂直，大腿和小腿呈90度，背部挺直。

❶ 髋关节的位置保持不变，将一侧的膝关节拉向胸前，直到臀部感受到一定的牵拉感，保持这个动作1～2秒。

❷ 放松，重复10次，然后换另一条腿重复以上动作。

> 正确完成该动作的感觉——你应当感到核心肌肉收缩，而臀肌有轻轻的牵拉感。

弓步

下图中所示的动作是一种非常好的热身动作，因此应该注意强度，肌肉不应该感到不舒服。

起始姿势：站位，两脚的距离与髋同宽。

❶ 一只脚向前迈出一大步，重心落在两腿之间。后侧腿呈跪姿，膝盖和脚趾着地，尽可能降低髋关节的高度。然后在最低点保持住，骨盆微微向前倾，髋关节保持数一个数的时间。

❷ 回到起始姿势，重复上面的动作 8 ～ 10 次后换另一条腿。

行进间动作：后面的腿向前跨出一大步，重复以上动作。双腿交替向前。

> 正确完成该动作的感觉——你应当感到从股四头肌到髂腰肌在下背部的起始点都有轻轻的牵拉感。

大腿内侧牵拉

腰大肌和髂肌从骨盆中穿过，止于股骨小转子。下图中所示动作的目标是从另一个角度牵拉髂腰肌，使其获得更高的柔韧性和更大的活动范围。可以用第41页中的静态拉伸动作对该动作进行补充。

起始姿势：坐位，两膝屈曲并向外侧打开，两脚掌相对并紧贴在一起，上身挺直，腹部收紧。

❶ 两手抓住脚踝，双肘靠在膝关节上方的大腿上。保持背部挺直，将两腿轻轻压向地面。以旁人看来，你的动作幅度可能很小，但你自己一定要感受到牵拉感。保持1～2秒，再回到起始姿势。下压和复位都用温柔的、缓和的力量，不要使用弹性力量。

❷ 重复以上的动作8～10次，每次都比上一次压得更深一些。

正确完成该动作的感觉——你应当感到大腿内侧有轻轻的牵拉感。

静态拉伸

　　静态拉伸是指保持一个拉伸姿势20～30秒，或直到被拉伸的肌肉伸展开。在做静态拉伸之前，肌肉一定要热起来。你可以通过深蹲、弓步、简单的走或跑来进行热身。静态拉伸的目标是将肌肉拉长到最佳限度，以达到理想的关节活动度。

髂腰肌静态拉伸

下图所示的动作为最基础的髂腰肌拉伸练习，当骨盆前倾时，呈跪姿的腿一侧的髂腰肌被拉长。要想加强拉伸的效果，身体可向对侧腿旋转。

起始姿势：单腿跪地，右脚在前呈弓步。

❶ 保持髋关节两侧的高度一致，身体向前方倾斜，同时轻微拉伸后侧腿以保持平衡。骨盆前倾，感受大腿前侧的牵拉感。在这个过程中背部要保持挺直，骨盆不要抬高或向一侧旋转。保持这个姿势 20 ～ 30 秒。

❷ 换另一条腿重复以上动作。

动作变化：为了增加拉伸的程度，可以将一侧手臂举过头顶，身体微微转向对侧腿。

> 　　正确完成该动作的感觉——你应当感到股四头肌和髂腰肌有强烈的牵拉感。

仰卧抱膝拉伸

仰卧在地上，将一条腿抬高，使之与地面垂直或把膝盖拉向胸前，这时对侧的髂腰肌会拉着大腿向上。此时依靠重力抵抗这个作用力，从而拉长髂腰肌。

起始姿势：仰卧位，两腿放松伸直，两手自然地放在身体两侧。

❶ 两手抱住一侧的膝盖拉向胸前，同时另一条腿保持不动。在这个过程中髋部、臀部及大腿都尽量紧贴地面。

❷ 保持这个姿势 20 ～ 30 秒，感受髂腰肌的牵拉感。

❸ 换另一条腿重复以上动作。

> 正确完成该动作的感觉——你应当感到屈曲腿的腘绳肌和对侧的髂腰肌有轻轻的牵拉感。

抱膝拉伸进阶版

当练习第 34 页中的仰卧抱膝拉伸不能再提高你的关节活动度时，可以试着在凳子上或床边完成这个动作。在这个动作中，你可以借用重力将髂腰肌进一步拉长。可以使用一条毛巾或弹力带辅助完成该动作。

起始姿势：手持一条毛巾或弹力带，坐在长椅的边上。躺下，使臀部位于椅子的边沿，两腿悬挂在外面。一条腿向上伸直抬起，并使用毛巾或弹力带帮助固定。在这个过程中注意保持骨盆的稳定，不要旋转或移动。

❶ 保持这个姿势 20 ～ 30 秒，注意保持另一条腿放松。

❷ 换另一条腿重复以上动作。

正确完成该动作的感觉——你应当感到抬高腿的腘绳肌和对侧的髂腰肌有轻轻的牵拉感。

泡沫轴抱膝拉伸

也可以在泡沫轴上进行抱膝拉伸，这样既可以进一步拉伸髂腰肌，也可以放松下背部筋膜。

起始姿势：仰卧位，在骶骨下方放一个泡沫轴并使之与脊柱垂直。

❶ 两手抱住一侧的膝盖拉向胸前，同时另一条腿保持不动。保持这个姿势20～30秒，感受髂腰肌的牵拉感。

❷ 换另一条腿重复以上动作。

正确完成该动作的感觉——你应当感到屈曲腿的腘绳肌和对侧的髂腰肌有轻轻的牵拉感。

大腿外侧牵拉

这个动作是对第30页的大腿内侧牵拉动作的补充，主要目标是拉伸臀大肌以及其他的髋外展肌。

起始姿势： 坐位，两腿向前伸直，上身挺直。

❶ 右腿屈曲，将右膝拉向胸前，右脚平放在左膝旁边的地面上。

❷ 身体向右旋转，同时左侧小臂靠在右膝外侧以辅助发力。右手置于身后的地面以保持平衡，目视身后。保持这个姿势 20 ～ 30 秒。

❸ 换另一条腿重复以上动作。

正确完成该动作的感觉——你应当感到大腿外侧有轻轻的牵拉感。

股四头肌拉伸

作为屈髋肌群的一部分，股四头肌的状况与髂腰肌的健康息息相关。股四头肌过紧会增加髂腰肌的张力，影响骨盆的位置。

起始姿势： 站位，面向一面墙或椅子。

❶ 屈曲右膝，右手抓住右脚脚尖。右脚脚跟指向臀部而不是大腿。骨盆前倾，保持髋关节两侧高度一致。保持这个姿势20～30秒。

❷ 换另一条腿重复以上动作。

正确完成该动作的感觉——你应当感到屈曲腿的股四头肌有强烈的牵拉感。

腘绳肌拉伸

对于大多数人，尤其是那些以坐姿工作的人或一天当中绝大多数时候坐着的人而言，腘绳肌的拉伸显得没那么必要。与流行的观点相反，静坐少动的生活方式使臀肌长时间处于一种紧张的状态，从而导致臀肌的力量下降。与此同时也使屈髋肌群处在短缩位，屈髋肌群牵拉骨盆前倾，进一步拉长了腘绳肌。但是，对于经常运动的人，或者那些习惯在坐着的时候把膝关节屈曲到最大限度（脚放在椅子下面）的人来说，拉伸腘绳肌是有必要的。

动作概要：站位，左脚向前迈出 12 英寸（约 30 厘米）左右，脚跟着地，脚尖指向天花板，腿伸直。在这个过程中允许右脚稍作调整以保持平衡。右膝屈曲，弯腰，此时你应该感到大腿后侧有牵拉感。保持这个姿势 20～30 秒。

换另一条腿重复以上动作。

动作变化：为了增强牵拉感，可以用同侧手抓住前脚脚趾。

正确完成该动作的感觉——你应当感到伸直腿一侧从脚踝到臀部都有强烈的牵拉感。

髂腰肌旋转拉伸

实际生活中的运动是复杂的，当你做出某些动作时，不仅仅只有几块肌肉发力或是简单的弓步，而是涉及多个关节在不同的平面内进行运动。因此，无论是柔韧性训练还是力量训练，如果能从多个角度锻炼肌纤维的话，这个动作就会更有效。

起始姿势： 单腿跪地，右脚在前呈低位弓步。

❶ 左脚向右移动，使得从前面看时两侧小腿形成对角线。身体向前移动，骨盆前倾。保持这个姿势 20 ～ 30 秒。

❷ 换另一条腿重复以上动作。

动作变化： 为了增强牵拉感，可以将两手向前伸，手掌向上，然后翻转手指向下。

正确完成该动作的感觉——你应当感到从大腿内侧到髋关节都有强烈的牵拉感。与标准的髂腰肌静态拉伸相比，牵拉感更靠近腹股沟区域。

靠墙股四头肌拉伸

当你认为之前介绍的股四头肌拉伸没有挑战性之后，可以用墙辅助，以增强髂腰肌、股四头肌以及其他屈髋肌群的牵拉感。

起始姿势： 单腿跪地，左脚在前呈低位弓步，右膝离墙约8英寸（约20厘米），下面用毛巾或垫子垫高，右脚抵在墙上。保持髋关节两侧高度一致，身体向前移动，骨盆前倾。保持这个姿势20～30秒。

换另一条腿重复以上动作。

> 正确完成该动作的感觉——你应当感到屈曲腿的股四头肌有强烈的牵拉感，前侧腿的腘绳肌有轻微的牵拉感。

自我筋膜放松

很多人都希望在家里就能接受按摩治疗，但其实你用一个泡沫轴就能达到差不多的放松效果。泡沫轴看起来就像是学游泳时用的一个漂浮滚轴，只是更加短而致密。有一些泡沫轴上还有一些球形或脊状的凸起，另一些则非常窄或质地非常坚硬，但所有的泡沫轴都有一个共同的用途，就是通过作用于神经肌肉受体，最终达到打破筋膜粘连、减轻肌肉紧张的目的。

"筋膜"这个词对大众来说有些陌生，但它很重要。筋膜是一层结缔组织，像一层网一样覆盖在你的肌肉和肌纤维之上。回想一下厨房的垃圾袋吧，很多垃圾袋通过菱形花纹的设计以增大其可承受的重量，筋膜的原理以及效果跟它类似。但不幸的是，一旦由于各种各样的原因导致筋膜粘连，它反过来就会限制肌肉的运动。而泡沫轴可以解决这个问题。

健身专家、知名教练阿什利·博登在她所有客户的训练计划中都安排了泡沫轴练习。"在我将近20年的训练生涯中，还没见过比泡沫轴或是聚氯乙烯管更好用的器械。"她说，"我见过各种体形的人，使用一段时间的泡沫轴之后，他们的体形和机能都得到了令人吃惊的良好改变。"

你知道吗？泡沫轴还可以减少筋膜粘连，减少脂肪团的出现。

对于几乎所有的泡沫轴练习来说，你都可以通过减小压在泡沫轴上的力量来降低刺激的强度。具体地说，你可以将身体的重心更多地放在支撑的手臂或腿上。

要想提高泡沫轴刺激的强度，可以把重心更多地压在与泡沫轴接触的肌肉上。如果这样还是觉得刺激强度不够，可以考虑更换一个更坚硬、更窄或表面有凸起的泡沫轴。也可以使用一个网球来代替泡沫轴。网球的刺激强度是最大的，而且很有针对性，推荐在学会使用泡沫轴之后再采用网球进行练习。

虽然没有直接刺激到你的髂腰肌，但这些使用泡沫轴进行的练习放松了髂腰肌周围的肌肉。这些肌肉在日常的动作模式中与髂腰肌相辅相成，帮助和支持髂腰肌。

腰大肌放松

　　腰大肌在脊柱上的附着点可能会比较紧张。其他器械很难放松到这个区域，而泡沫轴可以轻松做到，并且可以通过增大上半身与大腿之间的角度来加深牵拉的力度。使用网球来提高这个练习的刺激强度时要小心，最好在习惯了用泡沫轴进行这个动作之后再使用网球。

　　动作描述： 侧卧位，前臂支撑起上半身，将泡沫轴置于髋关节之上的腰部肌肉附近，垂直于身体。位于下侧的腿伸直，另一条腿屈膝，脚放在下方膝关节的前面，让泡沫轴轻轻地来回缓慢滚动。

　　换身体的另一侧重复以上动作。

　　正确完成该动作的感觉——你应当感到伸直腿一侧的腰大肌下部有轻轻的牵拉感和适度的疼痛感，接着腰大肌上部得到放松。

梨状肌和臀肌放松

梨状肌位于臀大肌的深面，是臀部的深层肌肉，对髋关节的活动度至关重要。其他器械很难直接作用于梨状肌，而泡沫轴却可以很容易在一来一回的动作中放松整个梨状肌。

动作描述： 坐在泡沫轴上，右脚踝置于左膝上方，左手握住右腿，右手置于身后的地面以保持稳定。身体轻轻地向右后侧倾斜，直到把身体全部的重量移至右侧臀部的肌肉上。轻轻地前后滚动泡沫轴，直到找到梨状肌。当你找到一个比较敏感的区域时，保持这个姿势20～30秒，或直到该区域的大多数肌肉适应这种刺激强度。

换身体的另一侧重复以上动作。

正确完成该动作的感觉——你应当感到梨状肌有适度的疼痛感，之后得到放松。

阔筋膜张肌放松

阔筋膜张肌（TFL）是源于骨盆外侧的髋骨外沿并沿着大腿外侧向下移行的肌肉。

动作描述：以侧平板姿势支撑于泡沫轴上，左侧前臂撑地，轻轻地来回滚动泡沫轴。将所有的重量都放在你的左侧股骨头稍外侧一点的位置。当你找到一个比较敏感的区域时，保持这个姿势20～30秒，或直到该区域的大多数肌肉适应这种刺激强度。

换身体的另一侧重复以上动作。

正确完成该动作的感觉——你应当感到阔筋膜张肌有适度的疼痛感，之后得到放松。

腘绳肌放松

　　腘绳肌位于大腿的后面，虽然对于大多数以坐姿工作、需要一天当中的绝大多数时候坐着的人而言，他们的腘绳肌上部并不紧张，但腘绳肌对于髋关节的活动度以及健康状况很重要。除此之外，经常对腘绳肌进行自我筋膜放松还有一个好处——打破筋膜粘连，使皮肤看起来更紧致，防止出现皱纹。

　　动作描述：坐位，泡沫轴置于大腿下方，两脚脚跟着地，两手撑在身体后方。缓缓滚动泡沫轴，当你找到一个比较敏感的区域时，保持这个姿势20～30秒。

　　动作进阶：如果你认为以上动作的刺激强度不够，可以试着将一条腿的脚踝置于另一条腿的膝盖上，一次只放松一条腿。

　　正确完成该动作的感觉——你应当感到腘绳肌有适度的疼痛感，之后得到放松。

股四头肌放松

股四头肌是屈髋肌群的一部分。股四头肌和髂腰肌紧张时会导致明显的下背部疼痛、髋关节疼痛，同时伴有身体姿态的问题。下面讲的这个动作主要作用于股四头肌的一块——股直肌。

动作描述：以平板姿势支撑于泡沫轴上，将泡沫轴置于大腿下方，两侧前臂撑地。慢慢地滚动泡沫轴，当你找到一个比较敏感的区域时，保持这个姿势20～30秒，直到肌肉适应这种刺激强度。

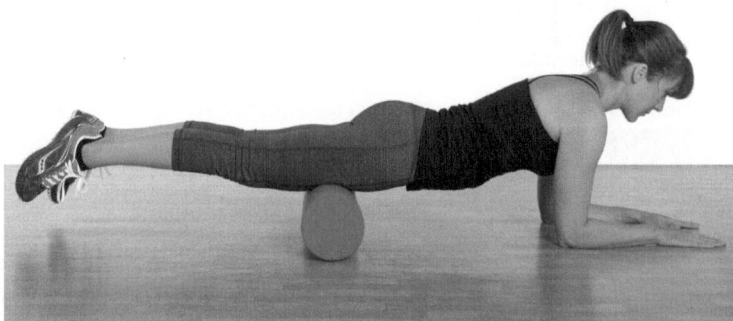

> 正确完成该动作的感觉——你应当感到股四头肌有适度的疼痛感，之后得到放松。

瑜伽

练习瑜伽能够锻炼力量以及柔韧性。虽然一般我们都认为瑜伽是安全而温和的运动，但在练习过程中，你还是应该时时刻刻重视身体的感觉，千万不要让自己的身体感到不舒服。拉伸动作应该使肌肉感到轻微的紧张，但不要过度拉伸肌肉。

很多身体活动的重要目的之一都是达到身体机能的平衡与稳定，瑜伽尤为如此。因此，应该在你的训练计划中安排多种瑜伽练习，以便使你的所有肌肉都能获得最佳的力量和柔韧性。

■ 专家访谈

瑜伽导师马里塔·普利斯分享了她对髂腰肌的看法，并阐述了瑜伽练习是如何有效地改善髂腰肌健康的。

髂腰肌整体观

髂腰肌将人体的上半身（第十二胸椎）与下半身（股骨）连在一起，这让我很喜欢这块肌肉。但是最好不要将髂腰肌看成一个整体，而是要将其视作一些协同工作的肌肉群，一些分布在身体左侧，另一些分布在右侧。在某些情况下，两侧肌肉的力量和柔韧性不够平衡，这就导致了两侧受力不均匀，进而出现一种情况，借用我学生的话来讲，即"两条腿不一样长"。

这就是我们要重视这些肌肉之间平衡的原因。日常生活中的动作动员到全身的肌肉。而瑜伽之所以是一项伟大的运动，是因为体式是动态的、全身的动作，并在动作中完善动力链的功能，而不是一次只单纯地锻炼一块肌肉。

瑜伽的功效

瑜伽练习注重在运动中寻找平衡，因而是一种训练肌肉平衡发力的好方法。练习体式时身体姿态很重要，要确保身体两侧协同发力。这样，练习者会逐渐在其他一些场景中也有意识地去调整身体两侧的发力。通过上述方法还能够感受到自己哪侧的力量更弱，这样就能够在训练时有意识地去练习某一侧的肌肉而拉伸另一侧，反之亦然，而不必在两侧花同样的时间或练习同样的组数。

损伤预防

如果身体组织存在损伤或疼痛，应该先去看医生，并留出一定的时间恢复，而不是马上开始瑜伽练习。你的一些习惯是从出生到现在的几十年间慢慢形成的，简简单单地参加一个课程可改变不了你的习惯。要想改掉坏习惯，需要持之以恒的练习。首先要意识到你有哪些坏习惯，然后根据不同的个体状况决定什么才是好的、健康的姿态。切忌练习过度，形成所谓的"橡皮筋效应"，即过远、过快地拉伸肌肉，这样会使其"反弹"回更紧、收缩更多的状态。

摊尸式

如果你平时不喜欢运动，摊尸式可能非常吸引你——这个练习看着就像简单地躺在地上。但这只是看起来如此。摊尸式的梵文为 savasana，涉及有意识地放松全身所有存在紧张的部位。有意思的是，这个动作其实是瑜伽当中最难的动作之一。如果你的髂腰肌比较紧张，这个练习会帮到你的。

动作描述：仰卧于垫子上，两脚分开，稍比肩宽；双手置于身体两侧的地板上，离开髋关节一定距离，手掌向上打开。闭上眼睛，自然呼吸，有意识地释放身体各部位的紧张。有一些暗示语可能有助于这个过程，包括以下这些。

• 手臂放松，想象它们慢慢地与地面融化为一体。

• 放松面部，放松下颚，放松颈部。

• 臀部放松，逐渐沉入垫子中。

• 两腿放松，感觉它们逐渐被拉长。

• 手指放松。

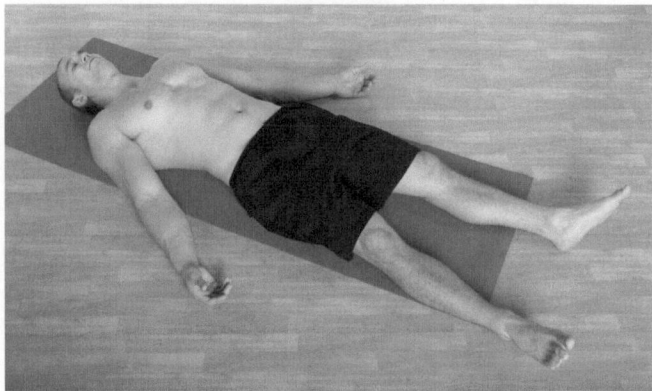

无论你以怎样的方式引导自己完成这个练习，都不应该强迫自己去放松。摊尸式动作持续 5 分钟，当你准备进入坐式或站式练习时，可以轻轻地翻转身体到侧卧位，慢慢坐起来，两腿交叠，眼睛慢慢地睁开。

正确完成该动作的感觉——你应当感到全身放松，髂腰肌有意识地舒展。

山式

在完成了摊尸式训练之后,山式可能就非常简单了。但同样的,这个练习也需要集中注意力才能练出效果。有意思的是,错误的身体姿态正是由于髂腰肌紧张所造成的。山式的梵文为 tadasana,能够训练身体以正确的身体姿态站立。在掌握了山式的基本姿势后,你可以经常练习它,例如在排队或是其他需要长时间站立的时候。

动作描述:站位,两脚并拢,大脚趾靠在一起而脚跟微微分开。两臂放松,自然垂于身体两侧。大腿绷紧并有意识地提膝。想象有一根弦从你的大腿内侧,穿过核心区域、前胸和后背,直到从头顶穿出,将你整个人向上拉。肩部向下向后,挺胸,肩胛骨放松并向内收。骨盆前倾,尾骨慢慢向地板方向伸长。在平稳呼吸的同时,保持这个姿势30 ~ 60秒。

正确完成该动作的感觉——你应当感到脊柱被伸展开,全身充满了力量和能量。

树式

树式是平衡体式的一种，能够锻炼屈髋肌群的力量和柔韧性。同时，练习树式也能够提高注意力，因为在练习时要求你集中注意力以保持平衡。

起始姿势：同山式（第54页）。

❶ 一只脚抬起，用手抓住脚踝，把脚向上拉，置于另一条腿大腿的内侧，脚跟靠近腹股沟，脚尖向下。收缩腹部肌肉以及臀部肌肉使骨盆前倾。保持平稳的呼吸。双手合十放在胸前。

❷ 当第一个动作稳定之后，两手举起并举过头顶。目视前方，将目光聚焦在前面的一个点上，保持这个姿势30秒。如果失去了平衡，恢复起始姿势即可。

❸ 换另一条腿作为支撑腿，重复以上动作。

> 正确完成该动作的感觉——你应当感到臀部放松，核心区域收紧，臀大肌适度收缩。

单腿鸽王式

单腿鸽王式被称作瑜伽练习者的"髋关节打开术",也是保持髂腰肌健康的最有效的训练之一。但单腿鸽王式并不是真的"打开"髋关节,而是增大了髋关节在各个方向以及平面内的活动范围。《瑜伽》杂志的杰森·克兰代尔说:"现代生活要求人们整天坐着,这限制了髋关节的旋转、屈曲以及伸展,而髋关节需要这些活动来保持柔韧性。"他还进一步指出其他一些导致髋关节紧张的因素,例如心理压力过大以及跑步和自行车等一些常见的运动。

起始姿势:单腿跨坐在垫子上,左膝屈曲在身体前方,左侧大腿与脊柱和垫子的边缘平行,小腿与大腿呈45度角,右腿伸直在身体的后方。两手置于身体前方的垫子上,将身体稍稍向后推。保持髋关节的位置不变。

瑜伽

❶ 身体慢慢向前趴，双肘撑地，同时躯干伸展，髋关节沉向地面。保持这个姿势 20 ~ 30 秒。

❷ 换另一条腿位于胸部下方，重复以上动作。

正确完成该动作的感觉——你应当感到伸直腿的屈髋肌群有强烈的牵拉感，屈曲腿的腘绳肌有轻轻的牵拉感。

船式

船式练习要求你的髂腰肌进行等长收缩，也就是说，髂腰肌收缩，保持身体维持一定的姿势不变。如果你感到船式的难度太大，可以尝试先从座椅上的 V 字形开始练习（第 99 页）。船式的主要目的是锻炼核心肌群以及屈髋肌群的力量。

动作描述：坐在垫子上，两腿在身体前方的垫子上伸展开，调整姿势以确保身体重量集中在坐骨上。收缩核心肌群，脊部微微后倾并保持挺直，呼气的同时将两膝屈曲，两脚抬离地面，上半身和下半身呈一个"V"字形。如果可以的话，还可以两腿伸直，两手向前平举，与地面保持平行。在整个动作过程中保持深呼吸，持续动作 20 秒，最多不要超过 1 分钟。

动作变化：如果以上动作难度过大，可以保持两膝屈曲，两手置于腘窝处帮助支撑。

正确完成该动作的感觉——你应当感到下腹部肌肉收缩。

桥式

桥式的完成不仅需要髂腰肌收缩来稳固身体，同时也需要髋部、大腿、臀部以及腹部的肌肉协同发力。

动作描述：仰卧位，两臂自然置于体侧，膝关节屈曲，两脚平放在地面上，脚跟与臀部保持一定的距离。大腿和臀部肌肉收缩，抬起臀部，直到身体从膝盖到胸部都形成一条直线。在到达顶端时继续收缩臀肌。在这个过程中注意保持颈部放松，肩关节不离开地面。保持这个姿势20～30秒或更久。

正确完成该动作的感觉——你应当感到臀部肌肉以及腘绳肌适度收缩。

侧三角式

所有的屈髋肌群、腰部肌群以及躯干肌群都有合适的力量以及柔韧性，髂腰肌才能正常工作。侧三角式练习通过挑战身体的平衡性和核心的稳定性来强化这些肌肉。保持这个姿势20秒之后你就能感受到身体非常放松。

动作描述： 以高位弓步开始，右脚在前，大腿与地面平行，左侧脚掌完全着地，脚尖稍稍向内。左手向上伸展，另一只手置于后侧腿上。在伸直右腿的同时保持脚的位置不变。将身体的重量均匀地分布在两腿之间，两脚稳稳地抓牢地面。身体向前倾的同时髋关节轻微向后旋转，就像你正在尽力去触摸远处的一个物体一样，尽可能增大动作的幅度，直到身体充分地伸展开。接着身体向右侧折叠，右手尽量去触摸地板。如果你觉得这个动作难度过大，可以将手置于瑜伽砖或小腿上。对侧的手臂可以伸向天花板。想象一下，你的身体在两片玻璃之间被轻轻按压，肩部两侧排列整齐，都可以触碰你想象中位于你身后的玻璃。向上凝视，释放身体中所有的紧张。

20～30秒后，考虑移除（瑜伽砖），或将手完全放在地上，以增大练习的刺激强度。在向上回到起始位置的同时呼气。

换身体的另一侧重复以上动作。

正确完成该动作的感觉——你应当感到前腿的大腿内侧有轻轻的牵拉感。

眼镜蛇式

用眼镜蛇式加强下背部以及竖脊肌的力量。这个练习看起来好像是用手和前臂将上半身撑起来，然而动作的核心要素是竖脊肌发力拉起上半身。

动作描述：俯卧位，两臂屈曲，双手置于肩关节下方的垫子上，手掌向下，手指指向前方。

❶ 两手轻轻向下按，在核心肌群收紧的同时将身体向上拉，胸部抬高，目视正下方，保持这个姿势 10 秒。

❷ 放松，然后重复以上动作 1 ～ 3 次。

正确完成该动作的感觉——你应当感到下背部肌肉适度收缩。

乌鸦式

　　乌鸦式对练习者的上肢力量、核心力量、平衡能力以及注意力有着非常高的要求。在这个动作中，髂腰肌负责将两条腿拉向躯干并稳定住髋关节。如果你刚开始练习瑜伽，最好先不要做这个动作，而要等到拥有了足够强的力量和足够好的平衡性之后再来尝试。第一次尝试的时候，在身体前方放一个枕头，以防向前摔倒。除此之外，先让一个脚趾置于地面，找到平衡后再抬起来。

　　动作描述：蹲在垫子上，两脚分开与肩同宽，两手置于身体前面的地面。

　　提起膝盖拉向腋下，小腿靠在上臂的背面。身体前倾，背部弓起，目视前方的地板。脚尖先置于地面保持平衡，等找到身体平衡之后再将脚尖抬离地面，完全用双臂支撑身体垂直。保持这个姿势 10 ~ 20 秒或更久。如果你失去平衡了，只需顺势将脚放下，回到起始姿势。

　　正确完成该动作的感觉——你应当感到上臂和肩部肌肉收缩，臀部和髋部肌肉有轻轻的牵拉感。

手抓脚趾单腿站立式

手抓脚趾单腿站立式对髂腰肌的力量要求比较高，在整个练习过程中髂腰肌要一直发力保持一条腿抬高，同时也要有足够的柔韧性以及保持平衡的能力。

起始姿势： 同山式（第 54 页）。

① 抬起右膝并拉向胸前，右手从两腿之间穿过到达踝关节附近，紧紧抓住右脚的大脚趾。

❷ 右腿伸直直到与地面平行，如果你能完成这个动作，继续向上抬高右腿，背部和颈部保持竖直。在动作过程中保持平稳的呼吸，坚持尽可能长的时间。

❸ 放松，然后换另一条腿重复以上动作。

正确完成该动作的感觉——你应当感到从腘绳肌到小腿三头肌都有牵拉感，此外，股四头肌轻微收缩。

普拉提

    20世纪初，约瑟夫·普拉提创造了一系列旨在提高身体控制能力、力量以及柔韧性的练习。他的练习要用到一些器械，其中最著名的是"普拉提床"，有些训练则在地上铺上垫子进行。无论是原始形式还是对其的现代解读，普拉提都强调"能量房"的重要性，所谓能量房也就是身体的中心，包含了从大腿上部的内侧——特别是髂腰肌附近——到胸部这个区域内的肌肉和关节。因此，髂腰肌是所有普拉提训练中不可分割的组成部分，不管这个练习是否以髂腰肌为目标。

■ 专家访谈：凯蒂·巴恩斯

    普拉提导师凯蒂·巴恩斯分享了她对于髂腰肌的看法，并阐述了普拉提练习是如何有效地改善髂腰肌健康的。

髂腰肌紧张的坏处

    随着科学技术的日益进步，人们日常生活中的运动量已经极大地减少了。 这对人类来说是个不小的问题，无论年龄大小，运动量的骤减都导致身体机能的下降以及身体姿态的恶化。我们不得不有意识地去运动。我的很多新客户都经受着髂腰肌紧张带来的痛苦，这是不难理解的。髂腰肌紧张会导致各种各样的症状，比如呼吸紧张、步态不平衡、脊柱前凸、腰背痛、髋关节和腹股沟疼痛、腘绳肌紧张、臀肌无力，以及膝关节、踝关节、肩关节或颈部的问题。有时候，还会表现为以上症状的组合。

    我的客户经常有一个特定的疼痛或紧张区域，比如膝关节、髋关节或背部组织，问题看起来像是这些区域的单纯疼痛，然而，有时候当你沿着动力链进行分析，就会发现其实髂腰肌的紧张或过度使用才是引起问题的真正原因。

运动与髂腰肌健康

作为一个前芭蕾舞演员，我知道髂腰肌和屈髋肌群是多么容易被过度使用。之所以有这种感觉，是因为芭蕾舞演员经常从很小就开始训练，那时候他们的深层核心控制肌群还没有发育好，或者不懂得如何正确地使用深部肌肉去帮助支撑和稳定躯干。我多么希望当时就知道这些！过度使用髂腰肌和屈髋肌群会造成损伤、正常关节活动度的丢失以及持续性的肌肉疼痛。同时我也注意到，其他肌肉可能也会过度锻炼以进行代偿，进而在整个身体上建立起一个持续的代偿模式。

训练髂腰肌的力量还是柔韧性

除非客户提出了特殊的训练需求，否则我不太常刻意地去"训练"髂腰肌和屈髋肌群。相反，我发现大多数人需要首先学习如何去放松或"关掉"这些肌肉，同时学习发现和解决深层腹肌的问题。让客户去体会和想象找到骨盆底部的感觉，感受腹内斜肌、腹外斜肌、腹直肌和腹横肌发力时的不同感觉是有用的。客户会意识到，通过正确使用他们的深层腹肌，他们的腹部会变得平坦而不突出，同时腿部和臀部线条得到了拉长。

我经常提醒我的客户，在久坐一段时间后，应该放松或拉伸髂腰肌和屈髋肌群。同时也提醒他们，当髂腰肌和屈髋肌群功能良好时，力量是很强大的。在解决了髂腰肌和屈髋肌群的问题后，很多人发现长期困扰他们的疼痛或紧张的问题得到了解决。

普拉提的功效

当你跟着一个有经验的教练进行一对一的普拉提训练时，训练效果最好。和大多数的运动一样，当你用不正确的姿势练习或是漫不经心地练习时，普拉提并不能给你带来什么有效的改变。此外，许多错误动作甚至可能导致伤害，造成错误的动作模式，这些都会阻碍客户的进步。

练习普拉提的原因有很多，但最主要的原因是它能够改变你感知这个世界的方式，让你以一种更加开放的心态面对这个世界，提升你的积极性。当你参加普拉提培训班或是一对一课程时，要注意在一堂训练课中，在大多数时间里，髋关节的前面是否都动员到了，膝关节是否都屈曲并离开地面，以及身体是否总是向前倾。这些迹象都表明，你正在过度使用髂腰肌和屈髋肌群，而你正在做的普拉提练习需要更好的平衡能力。大多数人需要更多的肌肉伸展而不是屈曲训练，因此，在练习了髂腰肌之后进行拉伸或其他伸展位的练习是非常重要的。

骨盆卷曲

学习适当的骨盆卷曲技术是形成良好身体形态的基础。普拉提训练帮助加强脊柱屈肌、盆底肌以及伸髋肌群的力量。

起始姿势：仰卧位，两腿放松，屈髋屈膝，两手自然地置于身体两侧。

❶ ～ ❷ 腹肌和臀肌收缩，下背部脊椎逐节离开地面，直到身体从膝盖到胸前都形成一条直线。

❸ 轻轻地将身体放回地面，每块椎骨依次接触地面。

❹ 缓慢地、有控制地重复以上动作10次。

正确完成该动作的感觉——你应当感到腘绳肌、股四头肌以及臀大肌适度收缩，同时腹部肌肉轻微收缩。

仰卧举腿

很多普拉提动作都是在卧位举腿，仰卧举腿是诸多练习的第一步。仰卧举腿能够锻炼髂腰肌和脊柱稳定肌群，《普拉提训练全书》一书的作者瑞尔·艾萨考维兹（Rael Isacowitz）建议，在做这个练习时，把自己想象成一本很厚的书，举腿的时候就像是打开这本书的封面，其他页不动。

起始姿势： 仰卧位，两手自然地置于身体两侧，两腿放松，屈髋屈膝，两脚平放在地上。在整个练习过程中，背部始终保持正常的形态，不要拱起来。

❶ 一条腿保持不动，另一条腿保持膝关节屈曲的同时向上抬起，直到小腿与地面平行。在这个过程中注意骨盆不要左右移动或倾斜。

❷ 下放抬高腿回到起始位置，重复动作5次。然后换另一条腿重复以上动作。

正确完成该动作的感觉——你应当感到屈髋肌群和腹部肌肉轻微收缩。

俯卧背部伸展

这个简单的普拉提练习加强了脊柱伸肌以及伸髋肌群，而脊柱伸肌以及伸髋肌群对于髂腰肌的平衡至关重要。俯卧背部伸展对于经常骑自行车、跑步的人以及经常练习腹肌的人来说十分重要。

起始姿势： 俯卧位，两手置于身体两侧，掌心向内压在大腿外侧。

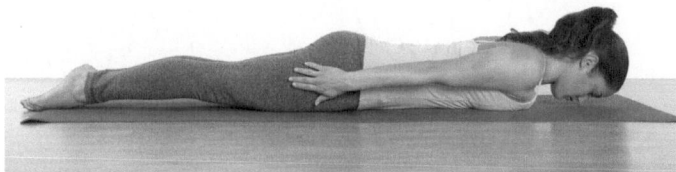

❶ 两条腿紧紧并拢，身体向上抬起，直到头部、颈部、胸部和肩部都离开地面。体会脊柱一节一节向上卷曲的感觉，背部成一个反弓形，腹部收紧。

❷ 向下将身体放回地面的时候吸气。

❸ 重复以上动作 10 次。

正确完成该动作的感觉——你应当感到下背部肌肉和臀肌轻微收缩。

单腿画圈

单腿画圈练习主要锻炼脊柱稳定和旋转肌群，包括腹直肌、腹内斜肌、腹外斜肌、腹横肌、屈髋肌群以及伸髋肌群，这些肌群共同保障髂腰肌及其协同肌发挥出最佳的力量以及柔韧性。

起始姿势： 仰卧位，两手自然地置于身体两侧。

❶ 右腿向上提膝然后伸直，脚尖指向天花板，整条腿与地面垂直。

❷～❸ 缓慢地、有控制地将右腿向身体对侧摆动，越过身体中线，然后下放至左膝，再回到起始位置。在做这个动作的时候，想象你的腿是一支笔而脚尖是笔尖，你在用这支笔画一个圆圈。

❹ 右腿重复以上动作画 5 个圈，然后反方向画圈。重复以上动作 5 次。

❺ 换另一条腿重复以上动作。

正确完成该动作的感觉——你应当感到下腹部肌肉以及屈髋肌群收缩。

卷躯上提

当你躺在地上或坐在地上要起身时，就用到了髂腰肌以及它的辅助肌群。下面的这个动作通过募集脊柱稳定肌群以及伸髋肌群、屈髋肌群，增强腹部肌肉的力量。

起始姿势：仰卧位，两臂伸直向上举过头顶，分别置于两耳外侧，脚尖向上。

❶ 腹部肌肉收缩，呼气的同时收紧肋骨，两手上举，身体向上抬起——先抬起肩关节，再逐节抬起脊柱，直到坐起来，此时两手臂与地面平行。

❷ 身体继续向前折叠，直到屈曲至最大限度，如果可能的话，两手碰到两脚。在最大屈曲位置保持一下，然后回到起始姿势。

❸ 重复以上动作 10 次。

正确完成该动作的感觉——你应当感到腹部肌肉轻微收缩。

引颈前伸

引颈前伸听起来可能有点痛苦，但其实是一个很温和的动作。这个动作主要锻炼腹部肌肉、脊柱稳定肌群以及伸髋肌群、屈髋肌群。引颈前伸比卷躯上提难度稍大一些，两个动作的不同点在于引颈前伸要求两手置于头部后方。

起始姿势：仰卧位，两臂交叉枕于头后，注意不要十指相扣，而是将一只手放在另一只手上面。

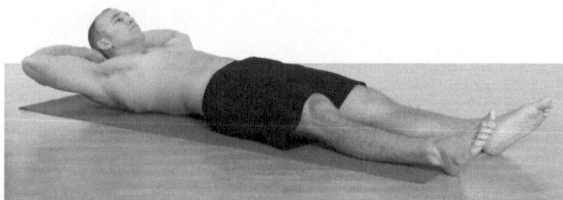

❶～❷ 向上抬起身体，头部、颈部、胸部以及整个上身逐个离开地面，在这个过程中肘关节始终向两侧打开，两手用来支撑起头颈部，而不是将它们拉起来。继续上抬身体直到变成坐位。

❸ 呼气的同时将腹部收紧，想象肚脐贴向脊柱，然后身体继续向前折叠，允许后背弓起来，下巴收紧。

❹ 回到坐位，此时背部挺直。然后脊柱逐节下回地面，背部弓起。

❺ 重复以上动作 10 次，在这个过程中始终保持深呼吸。

正确完成该动作的感觉——当你向前伸时，你应当感到腹部肌肉轻微收缩，而腘绳肌有轻轻的牵拉感。

骨盆卷动

大多数人想起普拉提时，印入脑海的第一个练习就是骨盆卷动，这不是没有道理的。这个练习能够增强整个身体的力量，尤其对腹部肌肉以及屈髋肌群刺激更大。在做动作的时候，如果你感到头颈部很紧张，可以枕着枕头，而不是直接把头部置于地上。

起始姿势：仰卧位，两手自然地置于身体两侧。两腿伸直从地面向上抬起约45度，脚面绷紧。将腹部收紧，想象肚脐贴向脊柱，向上抬起身体，头部、颈部以及肩部逐个离开地面。两臂抬起，离地面4～6英寸（10～15厘米）。

❶～❷保持平稳的呼吸，两臂快速抬起再放下，重复100次。

❸ 把膝盖收向胸前，两臂抱着两腿，注意在这个过程中头部始终放松。

正确完成该动作的感觉——你应当感到腹部肌肉强烈收缩，整个核心区都有升温的感觉。

单腿屈曲拉伸

　　单腿屈曲拉伸这个动作最大的挑战就是在练习过程中要保持核心区域的稳定，这需要屈髋肌群以及脊柱稳定肌群的参与，以在下肢屈伸过程中维持躯干的稳定。确保核心区始终收紧，腿部的运动范围不要太大。

　　起始姿势： 仰卧位，两手自然地置于身体两侧。两腿伸直，两脚绷紧。

❶ 抬起头和肩关节的同时将腹部收紧，想象肚脐贴向脊柱。右腿屈膝拉向胸前，另一条腿保持不动。两手一起抓住右侧小腿，轻轻向胸前拉伸。

❷ 右腿伸直放下，同时左腿屈膝拉向胸前。

❸ 重复膝关节的屈伸动作 10 次，在这个过程中始终平稳呼吸。

　　正确完成该动作的感觉——你应当感到屈髋肌群以及臀肌有轻轻的牵拉感，腹部肌肉轻微收缩。

单腿伸展拉伸

单腿伸展拉伸与单腿屈曲拉伸（第 79 页）非常相似，唯一的不同之处在于该动作要求两腿都伸直，这就对核心区提出了更高的要求。当你进行这个练习时，确保颈部和肩部放松，没有任何紧张感。

起始姿势： 仰卧位，右腿伸直向上举起。允许左腿稍稍离开地面。腹部收紧，想象肚脐贴向脊柱。

❶ 抬起身体，头部和肩部逐个离开地面。两手一起抓住右侧小腿或踝关节，轻轻向胸前拉伸。在整个过程中两腿始终伸直。

❷ 右腿下放，换左腿拉向胸前。

❸ 缓慢重复以上动作 5 次后再快速重复 10 次。

正确完成该动作的感觉——你应当感到屈髋肌群有轻轻的牵拉感，腹部肌肉适度收缩。

双腿拉伸

如果你想挑战核心区域和屈髋肌群，尝试一下双腿拉伸。在该动作的伸展阶段，髂腰肌等长收缩以保持腿部抬高。当腿部放回起始位置时，髂腰肌向心收缩。

起始姿势：仰卧位，头部和肩部抬离地面，两手分别抓住同侧小腿，将两膝拉向胸前。

❶ 缓慢地、有控制地伸展腿部，直到它们与地面呈 45 度角。双臂沿头顶方向向下、向后伸展。在整个过程中背部不要弓起。

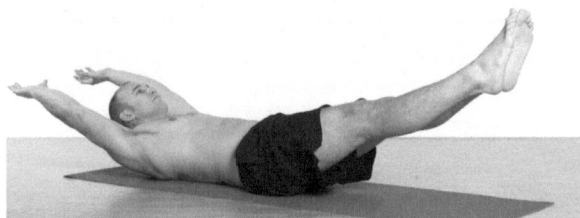

❷ 使用核心力量将双膝拉向胸部，两手再次分别抓住同侧小腿。

❸ 重复以上动作 10 次。

正确完成该动作的感觉——你应当感到屈髋肌群有轻轻的牵拉感，腹肌适度收缩。

V字形悬体

当你的核心肌肉足够强健，可以较好地完成 V 字形悬体时，该练习最有效。正确完成这个练习，能够加强腹部肌肉和屈髋肌群的力量，如果你还不足以正确完成这个练习，可以先尝试瑜伽船式（第 59 页）。

起始姿势： 仰卧位，两腿伸直并向上抬起，直到两腿与地面呈 60 度角，核心肌肉收紧，两手向上举过头顶，手指指向天花板。

❶ 抬起躯干，保持两臂与躯干相对位置不变，使躯干和双腿形成 V 字形，保持这个姿势。

❷ 回到起始位置。

❸ 重复以上动作 5 次。

正确完成该动作的感觉——你应当感到腹部肌肉强烈收缩。

摇篮式两腿伸展

摇篮式两腿伸展与 V 字形悬体（第 83 页）比较类似，都是通过练习在移动过程中保持身体姿势而锻炼身体的平衡能力和稳定性，尽管由于不用保持起始姿势很久，它看起来比 V 字形悬体简单一些，但是你也不应该刻意回避挑战性的动作。

起始姿势：与 V 字形悬体中的动作相似，唯一的不同是双手分别抓住同侧脚踝。

❶ 下背部弓起并向后倾，整个身体向后滚动，直到肩部碰到地面。

❷ 滚动身体回到起始位置。

正确完成该动作的感觉——你应当感到腹部肌肉适度收缩，身体向后滚动时，脊柱像是在被轻轻按摩。

超越卷动

在进行超越卷动练习时，两腿可以稍稍分开也可以紧紧并在一起。无论哪种方式，练习目标都是腹部肌肉以及屈髋肌群，包括髂腰肌。如果你的颈部和肩部有任何的不适，在进行这个练习时一定要谨慎。

起始姿势： 仰卧位，两臂自然置于身体两侧，手掌向下，两腿伸直向上抬起约 60 度。

① 腹部肌肉收缩，两腿向上抬起，直到与地面垂直。

❷背部弓起，向头顶方向摆动两腿。在整个过程中两腿应始终保持伸直。如果柔韧性足够好，可以试着用脚尖去触碰头顶后方的地面。

❸缓慢地、有控制地将身体放下，脊椎逐节放回地面，直到回到起始姿势。

❹重复以上动作5次。

动作变化： 开始时两腿并拢靠紧，当脚尖触碰到头顶后方的地面时将其分开。或者开始时先把两腿稍稍分开，当脚尖触碰到头顶后的地面时将其紧紧并拢。

正确完成该动作的感觉——你应当感到腹部肌肉以及屈髋肌群适度收缩，而腘绳肌有轻轻的牵拉感。

折叠刀式

不要被这个名字吓到，折叠刀式其实只是一个练习的名称，这个动作主要锻炼腹部肌肉、伸髋肌群以及屈髋肌群。和超越卷动一样（第87页），如果你的颈部和肩部有任何的不适，在进行这个练习时一定要谨慎。

起始姿势：仰卧位，两臂自然置于身体两侧，手掌向下，两腿伸直向上抬起约45度。

❶ 腹肌收缩，下背部弓起，两腿向胸部推动，最终脚尖指向天花板，两腿与地面几乎垂直。注意在这个动作中两腿始终伸直。

❷ 缓慢地、有控制地将身体放下来，脊椎逐节放回地面。

❸ 重复以上动作 5 次。

正确完成该动作的感觉——你应当感到腹部肌肉和臀部肌肉适度收缩。

空中剪刀

这个动作可以拉伸髂腰肌并加强其力量。动作看起来像是倒立位的髂腰肌拉伸，只是两腿保持伸直。

起始姿势： 仰卧位，两腿伸直，两臂自然置于身体两侧。两腿向胸部摆动，背部弓起，骨盆抬离地面。两手小心地置于髋关节下方以作支撑。你的整个躯干，从肩关节到髋关节形成一条直线。注意两腿始终保持伸直，与躯干垂直，脚尖在头顶上方。

❶ 两手支撑和固定住髋关节，下放一条腿，直到它与躯干成一条直线。然后两腿交换位置。

❷ 缓慢重复以上动作 5 次后再快速重复 10 次。

正确完成该动作的感觉——你应当随着两腿交换位置，两侧腘绳肌和股四头肌交替有轻轻的牵拉感。

坐位脊柱旋转

脊柱旋转肌群、腹内斜肌、腹外斜肌以及竖脊肌的健康与否极大地影响髂腰肌正常功能的发挥，在一些旋转动作中尤其如此。这个练习正如其名字一样，鼓励练习者自由地旋转。

起始姿势：坐位，两腿伸直置于体前，脚尖回勾。两臂侧平举，与地面平行。

❶ 呼气的同时腹部发力，带动上半身向右侧旋转。停顿片刻，继续向右旋转。吸气的同时慢慢回到起始姿势。

❷ 呼气的同时上半身向左侧旋转。停顿片刻，继续向左旋转。

❸ 重复以上动作 5 次。

动作变化：转体拉锯是另一个强化脊柱旋转功能的普拉提练习。仍然按照上面描述的步骤进行，不同之处只是进行转体拉锯时，上半身不是挺直的，而是向前倾，俯身趴在腿上，身体旋转时左手尽量摸到右脚。停顿片刻，继续前倾身体。小拇指抓住小脚趾，形成一个"锯"的形态。

正确完成该动作的感觉——你应当感到整个腹部区域的肌肉都轻微收缩。

空中瓶塞

一旦你掌握了 V 字形悬体（第 83 页）和折叠刀式（第 89 页）之后，就可以尝试空中瓶塞了。空中瓶塞对于脊柱屈肌、屈髋肌群、腹内斜肌和腹外斜肌的刺激更强。

起始姿势：仰卧位，两腿伸直向上抬起举过头顶，就像超越卷动练习的第三步（第 88 页）一样。

❶ 髋部向左侧旋转，同时两腿并拢向身体的左侧摆动。

❷ 髋部转到中立位，两腿继续摆动在空中画圈，越过身体中线摆向另一侧，然后摆回与地面垂直的位置。想象你的腿是一支笔而脚尖是笔尖，你在用这支笔画一个圆圈。

❸ 反向进行这个动作，骨盆先向右旋转，然后两腿并拢反方向画圈。

❹ 重复以上动作 5 次。

正确完成该动作的感觉——你应当感到腹部肌肉适度收缩。

第三部分　髂腰肌力量练习

力量练习

　　阻力训练有诸多的形式，例如自重训练或使用哑铃、大型力量器械和阻力带等，通过这些不同的方法也能够达到不同的训练目的。对于髂腰肌进行周期性阻力训练的基本原则是通过锻炼腹肌、屈髋肌群、下背部肌群以及臀大肌提升身体力量和稳定性。这种整体性的练习方式能够帮助获得最佳的关节活动范围、预防肌力不平衡以及降低运动损伤的风险。

　　在周期训练中，开始要以小负荷或者无负荷和不稳定状态激活本体感觉，然后逐渐增加训练的负荷，并系统地改变其他的变量。私人训练师能够帮助你制订一个满足你个性化需求的特定训练计划，并保证你的每个动作都正确地完成。在逐渐熟悉训练动作，能够正确地完成它且你的身体做好训练准备之前，万万不可突然进阶到力量训练的阶段。逞英雄是不明智的，身体不是一块表，你让它怎么样就能怎么样。

　　本体感觉：指的是身体在维持姿势或进行运动的过程中，针对对位置、运动和平衡方面产生的刺激进行自我调节的能力。

■ 腹肌练习

每当你进行腹肌练习时，髂腰肌都会参与进来，当你做卷腹或仰卧抬腿时，髂腰肌的功能分别是将身体拉向下肢或将下肢拉向躯干。相应的，在每次腹肌力量训练之后也要做好髂腰肌的拉伸工作。在进行了以下的腹肌训练之后，可以参考第 31 页的静态拉伸内容进行拉伸。

座椅上 V 字形

如果你以前没有参加过腹肌训练或者对髂腰肌收缩的感觉不熟悉，可以先从这个相对简单的动作开始，该动作需要腹肌进行等长收缩，也就是说身体保持一个 V 字形不变，既不抬高身体也不抬高双腿。也可以用一个长椅来进行这个练习。

起始姿势：坐在椅子的边缘，即臀部完全坐在椅子上，但与椅子靠背还有很大一段距离。两腿完全伸直置于体前，两脚置于地上。

❶ 腹部肌肉收缩，保持背部挺直的前提下身体向后倾。这个时候你会感到髂腰肌收缩。保持这个姿势数十个数的时间。

❷ 回到起始位置。

❸ 重复以上动作 3 ～ 5 次。

正确完成该动作的感觉——你应当感到腹部肌肉轻微收缩。

剪刀式

就像它的名字一样，这个动作要求你的两条腿在空中像剪刀一样运动。剪刀式不仅要求腹直肌收缩，髂腰肌也要收缩来把两腿拉向胸前。与普拉提的空中剪刀（第91页）不同，剪刀式要求骨盆不离开地面，而且两臂可以置于地面以保持平衡。

起始姿势：仰卧位，两腿伸直，两臂自然置于身体两侧。腹肌收缩，两条腿向上抬起，直到两腿与地面垂直。

❶ 髋关节两侧保持角度一致，并且不离开地面，慢慢地放下一条腿，直到距离地面1英寸（约2.5厘米）。

❷ 再将这条腿向上抬起。

❸ 换另一条腿重复以上动作，两条腿来回交替 10 次。

正确完成该动作的感觉——你应当感到腹部肌肉收缩。

将军椅

髂腰肌的主要功能是将两膝拉向胸前，也即屈髋，将军椅将屈髋这个动作单独分离出来，特定地练习髂腰肌，且在重力作用下，它更具有挑战性。

起始姿势： 两侧前臂置于将军椅边缘的垫子上。如果你没有将军椅，可以用一个普通的椅子来代替。两条腿可以垂下来。

❶ 腹部肌肉收缩，两膝拉向胸前，直到大腿与地面平行。保持这个姿势5秒。

❷ 把腿放下，重复以上动作10～15次。

正确完成该动作的感觉——你应当感到腹部肌肉以及屈髋肌群收缩。

核心稳定性被定义为控制躯干的位置以及运动的能力，以在综合体育活动中发挥控制身体进行力的产生和传递、姿态变化和控制等作用。

平板支撑

在这个等长收缩练习中,髂腰肌负责稳定脊柱。平板支撑是一个必不可少的腹肌练习,因为该练习能够强化核心稳定性,这是腹肌练习的重要目的之一。当你用前臂和肘关节而不是手支撑时难度最大,因为这改变了发力的角度,身体更容易晃动,上半身肌肉必须发力来维持姿势。

动作描述: 俯卧位,前臂着地,掌心向下,脚趾着地。核心区域收紧,将身体撑起来,整个躯干保持平直,就好像一块木板一样,臀部收紧不要下沉。保持这个姿势1分钟,当你发现自己开始用其他肌群代偿或者下背部不舒服时,也应该立即停下。

正确完成该动作的感觉——你应当感到腹部肌肉、背部肌肉以及屈髋肌群收缩。

手脚相对运动

在这个动作中，髂腰肌的作用是将躯干拉向大腿，并与腹肌协同发力，共同完成手脚相对运动。

动作描述： 仰卧位，两臂伸直向上举过头顶，分别置于两耳外侧，脚尖向上。

❶ 右腿和左手向上抬起，左手尽量摸到右脚脚尖，如果感到太难，就摸到右腿小腿。在这个过程中保持手臂和腿充分伸直。核心区域收紧，想象肚脐贴向脊柱，允许稍微含胸。

❷ 将手臂和腿放下，然后换另一条腿重复以上动作。每一条腿缓慢地、有控制地重复以上动作 10 次。为了增加运动强度，还可以在上述基础上增加 10 次快速的重复。

正确完成该动作的感觉——你应当感到腹部肌肉收缩。

俄罗斯转体

由于髂腰肌分布于骨盆周围，在躯干的旋转中，少不了髂腰肌的作用。在俄罗斯转体这个练习中，髂腰肌做向心收缩，在转体的运动中帮助保持骨盆的稳定。

起始姿势：坐位，两膝屈曲，两脚平放在身前的地面上。手持一个重量合适的哑铃——建议以 10 磅（约 4.5 千克）作为起始重量——轻轻地放在髋关节上方的胸部高度。

❶ 上半身向一侧旋转，保持身体重心落在两侧肩膀的中心线上。

❷ 上半身向另一侧旋转，注意核心区域发力，带动肩关节移动。每侧重复以上动作 10 次。

正确完成该动作的感觉——你应当感到腹部肌肉收缩。

■ 腰椎运动

加强下背部的力量对于锻炼一个稳定的核心来说至关重要，而髂腰肌对于维持动态稳定意义重大。

猫牛式

用这个简单的瑜伽体式来加强竖脊肌的力量以及柔韧性。

起始姿势： 两手和两侧小腿着地，两臂与地面垂直，大腿和小腿呈90度，背部挺直。

❶ 呼气，腹部收紧，慢慢将背部向上弓起，头部放松。

❷ 吸气，腰部慢慢地向下压，使背脊像猫一样呈现向下弯曲的弧线，眼睛注视上方。

❸ 重复几次，在整个动作过程中保持平稳的呼吸。

正确完成该动作的感觉——你应当感到整个腹部肌肉以及下背部交替拉伸和收缩。

俯卧两头起

竖脊肌是一组负责伸展脊柱的肌群，在保持正确的身体姿势方面起关键作用。下面的这个练习能够加强竖脊肌的力量，与强大的腹肌以及屈髋肌群保持肌力平衡。

起始姿势：俯卧位，两臂伸直举过头顶。

❶～❷ 呼气的同时两腿并拢并向上抬起，短暂地保持一会儿后放下。

❸～❹ 呼气的同时将上身抬起，直到两臂、肩部、头部、颈部以及胸都离开地面。两臂用力向前伸直，短暂地保持一会儿后放下。

❺ 交替抬起你的上半身和下半身。

动作变化：也可以同时抬起一侧手臂以及对侧腿，或者同时上、下半身，此时刺激的强度最大。

正确完成该动作的感觉——你应当感到背部肌肉轻微收缩。

瑞士球伸展

瑞士球伸展类似于俯卧两头起（第 110 页），只是比俯卧两头起需要更多的核心力量以及平衡能力。等到做俯卧两头起感到非常舒服、没有难度之后再尝试瑞士球伸展。

起始姿势：跪位，面前放置一个瑞士球。将腹部置于瑞士球上，向前滚动瑞士球的同时两腿向后伸直，脚尖撑地保持平衡。两臂屈肘置于地面或瑞士球上。

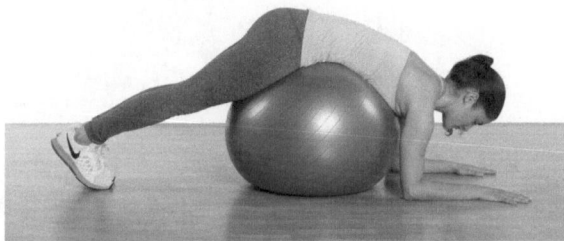

❶ 核心区域收紧，臀肌收缩，抬起上半身，两臂伸直，两臂、躯干与两腿成一条直线，短暂地保持一会儿。

❷ 上半身下放回到起始姿势。

❸ 重复以上动作 10 ～ 15 次。

正确完成该动作的感觉——你应当感到背部和肩部肌肉轻微收缩。

侧平板支撑

核心稳定性是核心力量的关键要素，而平板支撑是练习核心稳定性最好的方式之一。侧平板支撑着重锻炼位于身体两侧的腹外斜肌。

起始姿势： 侧卧位，前臂和肘部支撑起上半身，上臂与地面垂直，两腿并拢。

❶ 核心区域收紧将身体撑起来，直到身体成一个平板，身体的正中线是一条直线，用置于地面的脚保持平衡。注意骨盆不要旋转或倾斜。保持这个姿势30～60秒，当你发现自己开始用其他肌群代偿或者下背部不舒服时，也应该立即停下。

❷ 换另一侧重复以上动作。

动作变化： 如果你感到以上动作没有太大的挑战性，可以尝试将上面那条腿向上抬起12～28英寸（30～46厘米），以增强刺激强度。

正确完成该动作的感觉——你应当感到腹外斜肌收缩。

■ 髋关节训练

髋关节的活动度对于髂腰肌的健康至关重要。知名健康倡导者马克·西森说过，"人们已经忘了，或者压根就不知道如何按照髋关节进化出来的方式使用它。事实上，人类应该屈曲髋关节去捡地上的东西，然后再伸展（前推）髋关节站起来，而不是弯腰去捡东西，再通过下背部发力将身体抬起。"他还指出，坐位降低了臀大肌和屈髋肌群（尤其是髂腰肌）的力量，是导致髋关节活动度减小的罪魁祸首。恢复髋关节活动度及力量，有可能缓解下背部的疼痛并改善整个动力链的发力模式。

硬拉

这个动作能增强臀肌的力量以及柔韧性。刚开始进行硬拉练习时，先学习正确的发力方式，不要负重。即使你以前做过硬拉，但如果跟下面的动作描述不同，那可能也没有动员到髋关节。这个动作关键是臀部尽量向后坐，就好像后面真的有个凳子一样，同时背部一定要挺直。想象有个扫帚放在你的背部，从颈部到骶骨都应该完全与这把扫帚贴合。在掌握了正确的发力方式后，可以尝试加一些重量。

起始姿势：站立位，两脚分开与肩同宽。

❶ 臀肌收缩，然后尽量向后坐，同时从髋关节处屈曲，将上半身向前倾，两手尽量伸向地面。掌心面对小腿，眼睛盯着双手。

❷ 膝关节放松，慢慢抬起身体，回到起始姿势。在抬到最高处时，收缩臀肌，髋关节稍微向前顶。

❸ 重复以上动作 10 ～ 15 次。

正确完成该动作的感觉——你应当感到腘绳肌有轻轻的牵拉感，臀大肌轻微收缩。

立位侧踢

髋关节外展肌群的主要功能是将大腿拉离身体中线，立位侧踢的目标是锻炼髋关节外展肌群。

起始姿势：站立位，两脚分开与肩同宽，两手叉腰，腹部肌肉收紧，骨盆自然倾斜。

❶ 在保持上半身姿势不变的情况下，抬起一条腿尽量向外展。

❷ 把腿放下，回到起始姿势。

❸ 重复以上动作 10 次，然后换另一条腿重复。

动作变化： 如果你感到以上动作没有太大的难度，可以尝试在两踝各套一个沙袋，或者在两踝之间绑一根弹力带，以增强刺激强度。

正确完成该动作的感觉——你应当感到外展腿一侧的臀中肌和阔筋膜张肌轻微收缩，支撑腿一侧的臀中肌和阔筋膜张肌也有轻微的收缩。同时，大腿的内收肌群有轻轻的牵拉感。

仰卧单腿提臀

仰卧单腿提臀在锻炼臀肌和腘绳肌的同时，还能提升髋关节的柔韧性。

起始姿势： 仰卧位，两腿放松，屈髋屈膝，两脚平放在地面上，两手自然地置于身体两侧。

❶ 一条腿保持不动，另一条腿保持屈膝的同时向上抬起，拉向胸前。

❷ 髋关节抬起，身体从肩部直到支撑腿的膝盖形成一条直线。在动作的最顶端收缩臀肌，短暂地保持一会儿。

❸ 把腿放下，回到起始姿势。

❹ 重复以上动作10次，然后换另一侧重复。

正确完成该动作的感觉——你应当感到支撑腿的臀肌剧烈收缩。

■ 股四头肌训练

股直肌位于股四头肌的前部，属于屈髋肌群的一部分。它是你大腿前面最明显的一块肌肉，和肱二头肌或三角肌一样，通常属于展示肌肉。

坐位伸膝

如果你经常去健身房，可以利用股四头肌训练器进行该练习。如果没有的话，可以坐在椅子或长凳的边上，并使用脚踝负重或弹力带进行练习。坐位伸膝主要锻炼股四头肌。

起始姿势：坐在椅子或股四头肌训练器上，两手抓住边缘。

数两个数的同时一条腿向上抬起伸直，保持数两个数的时间后放下。

正确完成该动作的感觉——你应当感到加在股四头肌上的阻力越来越大。

单腿蹲砍树

这个练习能够锻炼你的平衡和协调能力，同时能够增强股四头肌和臀肌的力量，刺激效果甚至比深蹲还好。

起始姿势：站立位，两脚分开与肩同宽。两手各持一个 3 ～ 5 磅（1.4 ～ 2.3 千克）的小哑铃，一只手向上举过头顶，同时抬起同侧脚，直到离开地面 6 ～ 12 英寸（15 ～ 30 厘米）。

❶ 臀部坐向地面进行单腿深蹲，同时举过头顶的手穿过身体中线向下斜砍，直到哑铃触碰对侧膝盖。

❷ 站立，臀肌收缩。

❸ 重复以上动作10次，然后换另一侧重复。

正确完成该动作的感觉——你应当感到加在股四头肌和臀肌上的阻力越来越大，肩部和核心区域也感受到了阻力。

靠墙深蹲

你知道吗？只要"坐着"就能让你的股四头肌变得强壮！尝试这个练习30秒，你很快就会知道它的效果究竟如何。

动作描述：背对墙站立，两脚分开与肩同宽。向前走几步，然后向下蹲，直到大腿与地面平行。腹部肌肉收紧，肚脐贴向脊柱。保持这个姿势30秒到1分钟。在整个动作过程中保持平稳的呼吸。

动作变化：如果你感到以上动作没有太大的难度，可以尝试单腿支撑，在下蹲过程中抬高另一条腿，向前伸直并保持住。

正确完成该动作的感觉——你应当感到加在股四头肌和臀肌上的阻力越来越大，直到肌肉感到疲劳、燃烧、无法发力。

■ 臀肌训练

久坐对臀肌尤其有害，因为人体在坐位下，臀肌始终处于被拉长的状态。这会导致臀肌无力，影响运动模式和肌肉代偿机制，进而导致肌力不平衡。臀肌无力经常与髂腰肌紧张同时出现。因此，能够激活臀肌的练习对于髂腰肌的健康也有重要作用。

那么，什么是臀肌激活呢？臀肌激活在健身圈已经非常流行，但它的定义仍然不甚清晰。简而言之，臀肌激活意味着在运动过程中动员到臀部肌肉尤其是臀大肌。例如在深蹲或硬拉时，在拉到最高处之后，收紧臀肌以保持骨盆的自然位置。矫正肌力不平衡的问题需要一定的时间和耐心，但只要在运动中有意识地去动员某些肌肉，就一定能够形成新的、正确的发力方式。

蚌式

这个练习动作幅度比较小，刺激效果同样比较轻微，但不要低估它在激活臀大肌方面的效果。

起始姿势：侧卧位，屈髋屈膝，两腿并拢，右腿放在左腿上，大腿几乎垂直于躯干。脚底向墙壁蹬。两踝叠放在一起，脚趾和脚跟贴墙。左手托住头部，腹部肌肉收紧。

❶ 髋关节保持不动，右膝向上抬起约 6 英寸（约 15 厘米）。

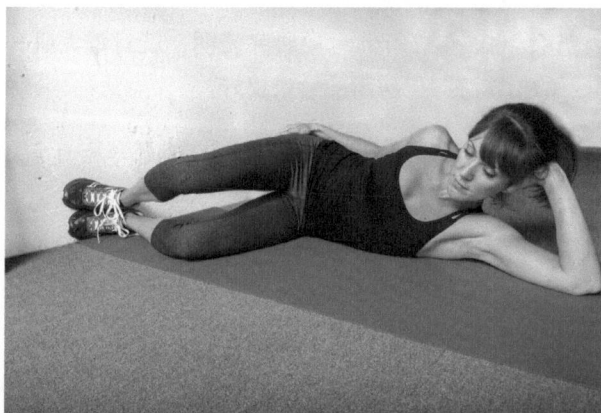

❷ 慢慢将膝盖放下。

❸ 重复以上动作 20 次。在做这个练习时，上面的手可以置于髋关节上感受臀中肌的发力情况。

❹ 然后换另一侧重复以上动作。

正确完成该动作的感觉——你应当感到有阻力加在臀大肌上。

四点跪位屈膝抬腿

美国运动委员会 2006 年进行的一项研究表明，就对臀大肌和臀中肌的激活而言，四点跪位下的抬腿练习比深蹲的效果更好。

起始姿势：四点跪位，两手和两侧小腿着地，两臂与地面垂直，大腿和小腿呈 90 度，背部挺直。

❶ 一条腿保持屈膝向上抬起，直到大腿与地面平行或略高于地面。想象一下，就像把脚底粘在了天花板上一样。在向上抬腿的时候收缩臀肌。

❷ 有控制地将抬高腿放下，回到起始姿势。注意在整个动作过程中髋关节两侧保持高度一致，不要抬高或旋转。

❸ 重复以上动作 20 ～ 30 次，或直到感到肌肉疲劳。然后换另一条腿重复以上动作。

正确完成该动作的感觉——你应当感到加在髂胫束附近的臀大肌外侧的阻力越来越大，肌肉也越来越疲劳。

四点跪位伸直抬腿

这个动作与四点跪位屈膝抬腿的不同之处在于向上抬腿的时候保持腿部伸直，并抬得更高一些，这样对臀肌以及腘绳肌的刺激效果更好，同时对髂腰肌也起到了拉伸作用。

起始姿势： 四点跪位，两侧前臂和小腿着地，两侧上臂与地面垂直，大腿和小腿呈 90 度，背部挺直。

❶ 一条腿保持伸直向上抬起，脚尖绷紧。髋关节两侧保持高度一致，不要抬高或旋转。腿抬到最高处的时候收缩臀肌。

❷ 保持腿部伸直，有控制地将脚趾下放回地面。

❸ 重复以上动作 20 ～ 30 次，然后换另一条腿重复以上动作。

正确完成该动作的感觉——你应当感到加在髂胫束附近的臀大肌外侧的阻力越来越大，肌肉也越来越疲劳。

第四部分　训练方案

髂腰肌训练方案

　　每个人有不同的运动模式、代偿机制、伤病历史以及体能水平。下面列出的训练方案提供了一个标准模板。还是那句话，永远不要做超出生理极限的事情，如果感到疼痛，应立即停止正在进行的练习。按照每个练习的指导语进行训练，并根据自身力量和柔韧性的情况进行调整。

髂腰肌柔韧性综合训练方案

本书的第 7 页提供了评估髂腰肌柔韧性的方法。如果你跟大多数人一样，那么你很有可能发现你的髂腰肌缩短了，这时候就需要髂腰肌柔韧性综合训练方案。本书也提供了一系列提高髂腰肌以及其他屈髋肌群柔韧性的训练方法，包括动态拉伸、静态拉伸、自我筋膜放松、瑜伽以及普拉提。从初级水平开始，随着柔韧性的增加慢慢向上进阶。你需要每隔一天就将训练方案中的练习做一遍。

初级训练方案	中级训练方案	高级训练方案
立位摆腿（第25页）	髂腰肌静态拉伸（第32页）	泡沫轴抱膝拉伸（第36页）
立位髂腰肌拉伸（第26页）	抱膝拉伸进阶版（第35页）	靠墙股四头肌拉伸（第43页）
仰卧抱膝拉伸（第34页）	腰大肌放松（第46页）	髂腰肌旋转拉伸（第41页）
摊尸式（第53页）	侧三角式（第61页）	单腿鸽王式（第57页）
桥式（第60页）	树式（第55页）	船式（第59页）
双腿拉伸（第82页）	瑞士球伸展（第111页）	空中剪刀（第91页）
立位侧踢（第115页）	坐位脊柱旋转（第92页）	空中瓶塞（第94页）

髂腰肌力量综合训练方案

很少有人需要特意训练髂腰肌，但正如之前所说的，髂腰肌紧张与髂腰肌力量强不是一个意思。本书的第 8 页提供了检测髂腰肌力量的方法，如果你的髂腰肌力量不足，可以尝试用下面的训练方案。在力量训练之后加上柔韧性练习（第 129 页），这样才能确保力量和柔韧性的协同发展。你需要每隔一天就将训练方案中的练习做一遍。

- 跪位收膝（第 28 页）

- 乌鸦式（第 63 页）

- 手抓脚趾单腿站立式（第 64 页）

- 仰卧举腿（第 70 页）

- 骨盆卷动（第 77 页）

- V 字形悬体（第 83 页）

- 将军椅（第 103 页）

- 俄罗斯转体（第 106 页）

- 侧平板支撑（第 112 页）

- 靠墙深蹲（第 121 页）

- 单腿伸展拉伸（第 80 页）

- 摇篮式两腿伸展（第 85 页）

- 剪刀式（第 101 页）

- 单腿蹲砍树（第 119 页）

- 蚌式（第 122 页）

静坐少动人群的
髂腰肌柔韧性和力量提升方案

如果你平时静坐少动，那么很有可能出现臀肌力量差、活动度受限以及髂腰肌紧张的情况。无论你是需要长时间坐着进行工作、将大量时间花在通勤坐车上，还是其他静坐少动的生活方式，这个髂腰肌力量和柔韧性的综合训练方案都能够加强髂腰肌以及臀肌的力量并拉伸它们。达到以及保持腰肌健康的关键是提高你的体力活动水平。你可以从饭后散步开始，然后选择一些能够提高心率的运动。你需要每隔一天就将训练方案中的练习做一遍。

初级训练方案	中级训练方案
立位髂腰肌拉伸（第26页）	弓步（第29页）
跪位收膝（第28页）	梨状肌和臀肌放松（第47页）
大腿内侧牵拉（第30页）	单腿鸽王式（第57页）
大腿外侧牵拉（第37页）	仰卧举腿（第70页）
股四头肌拉伸（第39页）	引颈前伸（第75页）
腘绳肌放松（第49页）	骨盆卷动（第77页）
股四头肌放松（第50页）	手脚相对运动（第105页）
山式（第54页）	四点跪位伸直抬腿（第126页）
眼镜蛇式（第62页）	俯卧两头起（第110页）
卷躯上提（第74页）	单腿画圈（第72页）
平板支撑（第104页）	仰卧单腿提臀（第117页）
坐位伸膝（第118页）	单腿屈曲拉伸（第79页）
四点跪位屈膝抬腿（第124页）	折叠刀式（第89页）

髂腰肌疼痛、肿胀和痉挛人群的康复方案

　　如果你一直都在忍受不健康的动作模式带来的痛苦，这个训练方案一定能够帮到你。这个训练方案将有助于重新训练身体的动作模式以及肌肉募集方式。然而，如果你目前需要吃药来缓解疼痛或存在运动受限情况，在开始进行训练之前一定要先咨询专业人员，防止加重肌力不平衡，造成运动损伤。你需要做的最重要的一件事是保持积极的生活方式，这有助于促进血液循环，改善身体成分，提升关节活动度。如果没有安排别的练习，每次进行 30 分钟的力量训练以提高心率。你需要每隔一天就将训练方案中的练习做一遍。

- 立位摆腿（第 25 页）

- 大腿内侧牵拉（第 30 页）

- 仰卧抱膝拉伸（第 34 页）

- 阔筋膜张肌放松（第 48 页）

- 腘绳肌放松（第 49 页）

- 股四头肌放松（第 50 页）

- 摊尸式（第 53 页）

- 山式（第 54 页）

- 猫牛式（第 108 页）

- 骨盆卷曲（第 69 页）

- 仰卧举腿（第 70 页）

- 俯卧背部伸展（第 71 页）

- 座椅上 V 字形（第 99 页）

- 平板支撑（第 104 页）

- 硬拉（第 113 页）

致 谢

由衷地感谢美国国家运动医学会的培养，在那里学到的内容彻底改变了我对动作、力量训练以及功能性健身等概念的看法。

特别鸣谢马里塔·普利斯和凯蒂·巴恩斯，他们分别对本书中瑜伽、普拉提方面内容的完成提供了帮助。感谢 Ulysses 的编辑团队，包括基斯·瑞杰尔特、克莱尔·宗以及周丽丽，他们高质量地完成了本书配图的拍摄及制作。

谢谢我年轻（但年纪绝不是很小）的弟弟乔纳森。最后当然要感谢我的丈夫，没有你的奉献，我无法确保自己总是有时间去练习和写作，谢谢你。

作者简介

帕梅拉·艾伦格是美国国家运动医学会认证的私人训练师，同时也是一位经验丰富的健康专家、体能教练和营养师。她热衷于将复杂的科学研究转化成通俗的语言传递给大众。她的作品发表在"强健生活网""吉莉安·迈克尔斯教你健康生活网"和《赫芬顿邮报》《波特兰论坛报》等多个媒介平台上。2013年，她协助创办了"健康生活方式网"，并在健康与体能板块担任编辑。

工作之余，帕梅拉喜欢冲浪、练习瑜伽、给家人制作健康的美食以及探索不同地区的农产品超市。

译者介绍

　　张可盈，2015 年于北京体育大学运动康复系获得理学学士学位，同年保送至清华大学攻读运动人体科学博士学位，主要研究方向为腰痛的康复训练、航天员体能训练、运动脑科学等，曾以第一作者身份发表《航天在轨失重环境条件下的体能训练》《航天在轨快速伸缩复合训练研究进展》等核心期刊论文，译有《肌肉训练彩色解剖图谱：核心训练》《肌肉训练彩色解剖图谱：运动按摩》《美国特种部队体能训练手册》等书籍，担任《运动贴扎与包扎（第 3 版）》《肌肉训练彩色解剖图谱：增肌塑形训练》《肌肉训练彩色解剖图谱：海豹突击队体能训练》等多本图书的审校工作。